メンチュウヘテプ２世と王妃、牝牛姿のハトホル女神への礼拝（テーベ西岸、277 号墓・アメンエムオネトの墓）

アメン神に軟膏を塗るセティ１世（アビドス、セティ１世神殿）

移築されたトトメス３世の岩窟祠堂とハトホル女神像（第 18 王朝、石灰岩製）

神殿の至聖所に安置されていた隼頭神像（MIHO Museum）

ハトホル女神の聖域「ハトホルの滝壺」（テーベ西岸・王妃の谷）

職人たちによって造られた小祠堂群（テーベ西岸・アル＝クルン）

エレファンティネ島の初期奉納物

粘土製ヒト形小像（アコリス出土）

3 連の結びの護符（アコリス出土）

古代エジプト人の祈り

信仰のエジプト学

和田浩一郎

新泉社

はじめに

紀元前六世紀、古代王国がまだ存在していたエジプトの地を踏んだギリシア人著述家ヘロドトスは、エジプト人は「世界のどの民族と比べても並外れて信心深い」と述べ、神殿の祝祭の盛大さや、信仰にもとづくさまざまな習慣を紹介している。

エジプトの遺跡といえば、石造の巨大な神殿やピラミッド、鮮やかな壁画で彩られた墓がまず思い浮かぶ。これらの遺跡は、古代エジプト人が神々や死者に対して並々ならぬ思いを抱いていたことを伝えており、ヘロドトスの言葉どおりであることを実感させる。

ただし、壮麗な建造物を建立したのは王やエリート層の人々である。権力者のためにひとつひとつの石材を運び、積み上げていった、農民をはじめとする庶民（非エリート層）はどのような信仰をもっていたのだろうか。彼らも高位の人々と同じようにさまざまな神に祈り、祖先の供養をしていたことはまちがいない。ただその実態は、王やエリート層ほどはっきりしない。庶民は文字の読み書きができず、経済的にも豊かとはいえないため、今日まで残る痕跡はささやかなものになる場合が多いからである。本書はそこに切り込み、エリート層だけでなく庶民までふくめた古代エジプト人の祈りがどのようなものだったのか、その実像に迫ることを目的にしている。

私はこれまで、埋葬習慣を中心に古代エジプトの精神文化を考えてきた。エジプトの現地調査では、王家の谷の王墓から貴族墓、砂漠に穴を掘っただけの土坑墓まで、さまざまな墓に接する機会をもつことができた。そのなかで、とくに興味を惹かれたのは土坑墓だった。土坑墓はもっとも簡素な墓だが、日乾《ひぼし》レンガをならべて墓坑の蓋にしていたり、大きな土器を墓標がわりに立てていたりと、独自の工夫が目を引いたのである。それは経済的に余裕のない人たちが少しでもよい埋葬をしようとしていた証で、彼らもまた家族の死を悼み、来世での故人の幸せを願っていたことを示していた。古代エジプトの名もなき人々が、心をもった存在として浮かび上がってきたのである。

土坑墓を通じて非エリート層の存在に触れたことから、彼らがどのような精神文化をもっていたのかという関心が広がっていった。この問いに答えるためには、神への信仰について理解を深める必要がある。ただ、いきなり庶民の信仰をみるのは難しいので、情報が豊富な王やエリート層の信仰からはじめ、つぎにその周辺にあるさまざまな痕跡から庶民の祈りを考えることにした。本書もその流れにしたがって話を進めてみようと思う。

第1章では、古代エジプト人が祈りの対象にしていた神々と死者について概要を紹介する。第2章から第4章では、国家祭祀の場だった神殿から住宅に設けられた祭壇まで、どのような場所や機会に祈りが捧げられていたのかをみていく。第5章では考古学資料が豊富ないくつかの遺跡を手がかりに、祈りの場でおこなわれていた奉納行為の内容を明らかにする。そして第6章では、生活に根ざしていた呪術をとおして、古代エジプト人が日常にどのような願いを抱いていたかをみていくことにする。

なお本書でとり上げた内容をより詳しく知りたい方のために、参照した文献を注として示している。ただその大半は欧文の研究論文なので、そこまでの情報が不要な方は無視していただいてかまわない。

それでは、古代エジプトの祈りの世界へと足を踏み入れていくことにしよう。

古代エジプト人の祈り——信仰のエジプト学

目　次

第5章 奉納物　121

第6章 呪術　159

エジプトの地理

古代エジプト人は自分たちの王国が、北部と南部のふたつの地域からなっていると考えた。北部地域は地中海沿岸部から王国の最初の都だったメンフィスまで、南部地域はメンフィスから南の国境の町が置かれたエレファンティネ島までをさした。これはナイル河がいくつもの支流にわかれてかたちづくられたナイル・デルタと、一本の河として河岸段丘のあいだを流れるナイル河谷という、ナイル河下流域を構成するふたつの自然景観の範囲とおおむね一致する。

現在はナイル河の下流側（北部）を下エジプト、上流側（南部）を上エジプトと呼んでいる。下エジプトを東デルタ、中デルタ、西デルタにわけ、現在のアシュート以北の上エジプトを中エジプトと呼ぶこともある。ナイル河の東側には岩山が連なる東部砂漠が紅海沿岸まで続いており、西側には西部砂漠（リビア砂漠）が現在の国境を越えて広がっている。西部砂漠に点在するオアシスの住人を除けば、古代エジプト世界に属する人々の多くはナイル河のほとりで生活していた。

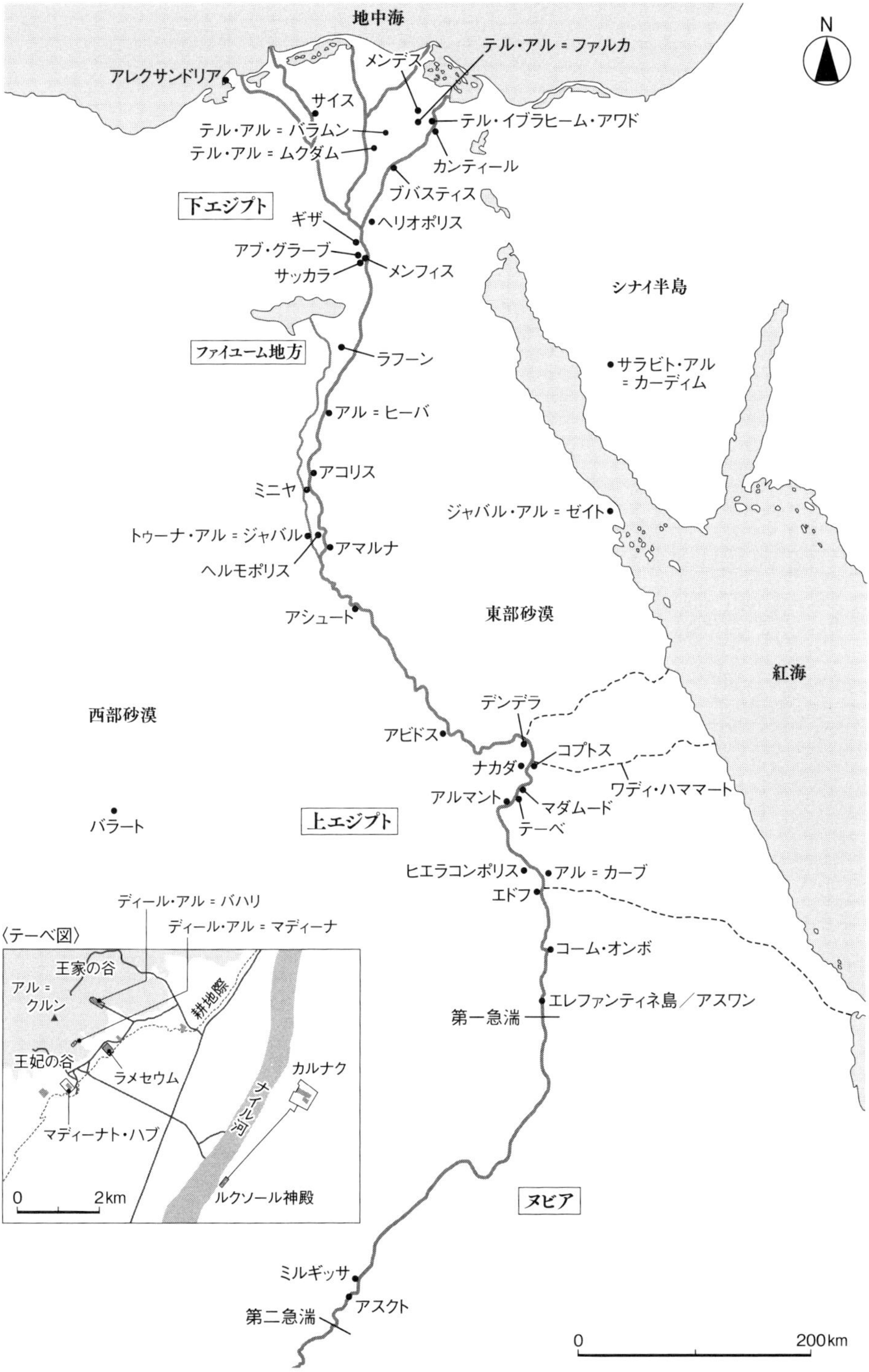
地中海
N
アレクサンドリア
サイス
メンデス
テル・アル＝ファルカ
テル・アル＝バラムン
テル・イブラヒーム・アワド
テル・アル＝ムクダム
カンティール
ブバスティス
下エジプト
ギザ
ヘリオポリス
アブ・グラーブ
サッカラ
メンフィス
シナイ半島
ファイユーム地方
ラフーン
サラビト・アル
＝カーディム
アル＝ヒーバ
アコリス
ミニヤ
ジャバル・アル＝ゼイト
トゥーナ・アル＝ジャバル
アマルナ
ヘルモポリス
アシュート
東部砂漠
紅海
西部砂漠
デンデラ
アビドス
コプトス
ナカダ
ワディ・ハママート
アルマント
マダムード
テーベ
バラート
上エジプト
ヒエラコンポリス
アル＝カーブ
エドフ
ディール・アル＝バハリ
〈テーベ図〉
ディール・アル＝マディーナ
王家の谷
アル＝
クルン
耕地際
王妃の谷
ラメセウム
カルナク
ナイル河
マディーナト・ハブ
0
2km
ルクソール神殿
コーム・オンボ
エレファンティネ島／アスワン
第一急湍
ヌビア
ミルギッサ
アスクト
第二急湍
0
200km

古代エジプトの時代区分

ナイル河下流域で農耕牧畜を営む人々が古代エジプト文明の母体となる文化を生みだしたのは、前五千年紀の後半である。前三千年ころには上下エジプトを一人の王が支配する初期王朝時代がはじまり、ピラミッドの建設がはじまる古王国時代に王の権力は頂点に達した。その後のナイル河下流域は、中間期と呼ばれる政治的な分裂の時代と統一の時代を数百年おきに繰り返した。統一期の中王国時代と新王国時代には、北のシリア・パレスチナ地域や南のヌビア地域にエジプトの支配が拡大し、エジプト王国は西アジア世界でも有数の大国になっていった。第三中間期と末期王朝時代のエジプトは外国の勢力にしばしば支配されたが、文化的な伝統は続いていった。この初期王朝時代から末期王朝時代までの期間を王朝時代とよぶ。支配者がギリシア人とローマ人にかわるヘレニズム・ローマ時代（プトレマイオス朝とローマ属州時代）もエジプト文化は維持されたが、紀元四世紀末にローマ帝国の国教がキリスト教になると属州エジプトの多神教も禁止され、多神教と深く結びついた文化も衰退していった。さらに七世紀以降は、イスラーム教化が進み、古代の名残はいくつかの地名にとどまるだけになった。

暦年代	時代	出来事	おもな王(本書に登場する王ほか)
紀元前4500年ころ	先王朝時代	ナイル河流域に農耕・牧畜を営む人々が定住。上下エジプトに異なる文化が生まれる。	
紀元前3000年ころ	初期王朝時代 (第1・2王朝)	ナルメル王が上下エジプトを統一	ナルメル(第1王朝)
紀元前2650年ころ	古王国時代 (第3〜6王朝)	王の権力が頂点に達し、大規模なピラミッドがメンフィス周辺に建設される。	ネチェリケト(ジェセル)(第3王朝) スネフェル(第4王朝) クフ(第4王朝) ペピ1世(第6王朝)
紀元前2150年ころ	第一中間期 (第7〜11王朝)	各地の有力者が権力を握り、国が分裂。テーベの第 11 王朝が再統一を果たす。	メリカラー(第10王朝) アンテフ2世(第11王朝)
紀元前2025年ころ	中王国時代 (第11〜14王朝)	中央集権体制が再構築され、ヌビア地方への進出が盛んになる。	メンチュウヘテプ2世(第11王朝) センウセレト3世(第12王朝) ネフェルヘテプ1世(第13王朝)
紀元前1650年ころ	第二中間期 (第15〜17王朝)	異民族ヒクソスがエジプト北部を支配。テーベの第 17 王朝がヒクソスと対立。	アペピ(第15王朝) タア(第17王朝)
紀元前1540年ころ	新王国時代 (第18〜20王朝)	第 18 王朝がヒクソスを退けて国土を再統一。国外遠征を繰り返し、王国の支配領域が最大に。	アメンヘテプ1世(第18王朝) トトメス3世(第18王朝) ハトシェプスト(第18王朝) トトメス4世(第18王朝) ツタンカーメン(第18王朝) ラメセス2世(第19王朝) ラメセス3世(第20王朝)
紀元前1070年ころ	第三中間期 (第21〜25王朝)	王権が弱体化し、国内に複数の政治体制が並立する。	プスセンネス1世(第21王朝) シェションク1世(第22王朝) シャバカ(第25王朝)
紀元前664年	末期王朝時代 (第26〜30王朝)	土着の王朝と外国からの支配が交互に訪れる。	プサメテク1世(第26王朝) カンビュセス(第27王朝) ネクタネボ1世(第30王朝)
紀元前305年	プトレマイオス朝	マケドニアの将軍プトレマイオスの一族による支配で、エジプトのヘレニズム化が進む。	プトレマイオス1世 クレオパトラ7世
紀元前30年	ローマ属州時代	西暦 392 年にエジプトの多神教が禁止され、伝統文化が衰退に向かう。	
西暦641年以降	イスラーム時代	国教がキリスト教からイスラーム教になり、エジプト語(コプト語)が死語になる。	

第1章 祈りの対象 ── 神と死者

古代エジプト人が祈りを捧げていた対象は、神々と人間（おもに死者）に大別することができる。神々は先王朝時代のあいだに各地で崇められるようになったが、王国が成立していく過程で複数の神をひとつにする習合がおこなわれたこともあり、いつごろからラーやアメン、トトといったよく知られた神が存在していたのかはわかっていない。また王朝時代には、オシリス、イシス、ホルスのように夫婦神や親子神として結びつけられ、ひとまとまりの神として崇められるようになった例も少なくないが、こうした関係性の成立の過程もはっきりしないことが多い。

人間（死者）への祈りは、まず祖先崇拝のかたちではじまったと考えられる。祖先崇拝は家族や家系に重きをおく多くの文化にみられる信仰の一形態で、古代エジプトの場合、冥界で死者が再生する死生観をもっていたことでとくに重要視された。再生した死者は供養をもとめ、その見返りに生者に助力してくれると考えられたのである。

このような古代エジプトの信仰のあり方は「互恵的貢納関係」とも呼ばれ、死者だけでなく神々との関係性にもみられる。[*1] ただし、古代エジプト人の祈りの根底には、目にみえない超越的存在への敬意や畏れ、故人に対する思慕の念という、人間が共通して抱く感情があったことも確かである。彼らの祈りを、打算的なものとひとくくりにすることは避けるべきだろう。

1 神々

農耕牧畜をはじめてナイル河下流域に定住するようになった人々が、どのように祈りの対象をかたちづくっていったのかは、あまりはっきりしない。先王朝時代はほぼ無文字の世界で、私たちは土器に描かれた絵や道具類に表現された彫刻などから神の形成を考えることになる。だが、先王朝時代の図像資料で神々を表現したと断定できるものは、かなり限られている。

王朝時代の文化の母体となった上エジプトのナカダ文化の彩文土器には、幾何学文様とともに動植物が盛んに描かれている。ワニ、カバ、アイベックス、フラミンゴなどの野生動物が中心で、王朝時代には神と結びついたものもある。しかし、動物たちはたいてい複数で表現されており、崇拝の対象というよりは、ナイル河流域の風景の一部として描写されているようだ。

同じくナカダ文化Ⅱ期に製作された印象的な像として、上エジプトのマーマリーヤ遺跡から出土した「バード・ウーマン」と呼ばれる粘土製小像がある［図1-1］。両腕を大きく広げ、長い腰布を巻いた女性を表現しているようにみえる像である。体は人間だが頭部は鳥のように表現され、広げた両腕も関節の存在を無視して弧を描き、先細りになっている。このバード・ウーマンは、その名のとおり鳥の頭をもつ女神を表現しているのだろうか。

　バード・ウーマンと同じポーズをとる女性は、同時代の壺絵にしばしば登場することが知られている。ナイル河に浮かぶ舟のうえや何頭もの野生動物がいる砂漠に描かれたこの人物は、場面のなかでも目立っており、重要な存在であることは確かである。女性のまわりには短い杖かクラッパー（拍子木）を持つ人物が描かれることも多く、なんらかの儀式の場面を描写していると解釈されている。この解釈では、両腕を広げた女性は儀式のなかで踊りを披露しているとみられている。[*2]

　王朝時代に両腕を広げるポーズは哀悼を意味しており、それを根拠に葬儀の際の女性をあらわしているという見方もできるが、いずれにしてもこれは女神ではなく、人間の女性と考えるのが自然なようだ。バード・ウーマンの頭部は鳥のようにみえるが、この種の小像では粘土を折り曲げたりつまみ出したりして頭部を簡単に表現することが多いので、鳥に似せようとしたと断定することはできない。

図 1-1　「バード・ウーマン」
（マーマリーヤ遺跡出土、ナカダ文化Ⅱ期、高さ 29.2 cm）

　ナカダ文化Ⅱ期以降になると、パレット（アイラインの顔料をすりつぶすための道具）の形をした記念物や、権力者が使う印章が登場する。これらの遺物にも多くの動物が表現されており、なかには神や王と結びつくと考えられるものもみられるようになる。たとえば「戦場パレット」［図1-2］の中心的な図像である捕虜を襲う牡ライオンは、戦いの勝利者の姿あるいは力をあらわしていると解釈される。*3 人間を超越した神々や王の能力を動物の姿を用いて表現する手法は、王朝時代にも受け継がれていくものであり、ここに神の図像が確立していく過程をみることができる。しかし依然として、王朝時代にみられる神々は姿をあらわさず、祈りの対象の実態は判然としない。

王朝時代の神々にむすびつく可能性がある数少ない表現は、ふたつの船室をもつ大型のボートに掲げられた標章（スタンダード）である。この標章は、長竿《ながさお》の上になんらかのシンボルをとりつけたもので、そのなかには牛の角、交差した二本の矢、「稲妻」と解釈されている両矢印形の横棒などがみられる［図1-3］。

こうしたシンボルは、王朝時代にそれぞれバト（あるいはハトホル）女神、ネイト女神、ミン神という有力な神々をあらわすものだったことが知られている。標章は王朝時代には地方行政区（ノモス／州と通称される）のシンボルにもなっており、壺絵の標章も神ではなくボートが所属する地方をさし

図1-2 戦場パレット
敵を襲う牡ライオン、倒れた敵の体をついばむハゲワシなどが表現されている。（ナカダ文化Ⅲ期、硬砂岩製、高さ32cm）

ていた可能性も考えられる。ただ、王朝時代に神々がそれぞれの地方の支配者という位置づけになっていたことをふまえれば、標章は先王朝時代から神と地方の両方に結びついていたことも考えられる。

先王朝時代が終わりにさしかかるナカダ文化Ⅲ期に、ようやく私たちの前に一柱の神が登場する。上エジプトのコプトス（古代名ゲブティウ）で出土した石灰岩製巨像である〔図1-4〕。現在は胴体などが断片的に残っているにすぎないが、四体分が確認されており、本来は四メートルを超える高さがあったと推測されている。国家形成期の石造物としては、最大級といっていい彫像である。一点だけみつかっている頭部は、剃りあげた頭に逆三角形の長い

図1-3　彩文土器
鳥と牛の角の標章（中央右の長竿）を掲げた舟とナイル河流域の風景や動植物が描かれている。舟の左側にはバード・ウーマンと同じポーズをした人物がいる。（ナカダ文化Ⅱ期後半、高さ30cm）

図1-4　ミン神像
腰帯をつけ、左手で男根をにぎる姿勢をとる。表面のくぼみは削りとられた跡である。（コプトス出土、ナカダ文化Ⅲ期前半、石灰岩製、残存部の高さ196cm）

鬚《ひげ》をたくわえた男性のもので、幅広の帯を腰に巻いているだけの裸体であることとあわせて、王朝時代の彫像とはだいぶ印象の異なる外見をしていたことがわかる。

これらの巨像に文字は記されていないが、大腿部にいくつかの図像が刻まれている個体がある。その図像のなかにミン神のシンボルである「稲妻」が含まれていること、そして巨像が別材でつくられた男性器を差し込むようになっていることから、これらの像はミン神をあらわしていると考えられている。というのも王朝時代のミン神は、大地の豊かさと結びつく性質をあらわすために、勃起した男性器をもつ姿をしているからである。

なお像は四体あることから、神体としてミン神の祠堂《しどう》に安置されたものではなく、祠堂の周囲に配置されていた神像と推測されている。エジプト王国成立前に建立されたこの四体の神像は、古王国時代のあいだに新しい像に交換されたとみられる。撤去された古い像は、付近に横たえられたままにされた。人々は役目を終えた神像の表面を削りとり、お守りとして持ち帰ったらしい。[*4] 古い像もなお、神の加護を与えてくれるものと考えられたのである。

神々の姿

先王朝時代の図像資料に神々のシンボルが登場する一方で、神そのものの姿がほとんど見出せないことは注目に値する。これは先王朝時代の末まで、神を描くことがタブーになっていたということなのかもしれない。

王朝時代の文字史料をみると、古代エジプト人は、神の本当の姿はみることができない、あるいはひとつに固定されるものではないと考えていたことがうかがわれる。たとえば太陽神に捧げられた新王国時代の宗教文書『ラーの連禱』では、七五通りもの姿をした太陽神が列挙されている。*5 また中王国時代あるいはそれ以前に成立した文学作品『難破した水夫の物語』では、蛇神の住む島に打ち上げられた水夫が、島の主に出会う場面が描写されているが、巨大な黄金の蛇と対峙した水夫はその威圧感に耐えられず地面に伏してしまう。この物語以外の史料でも、神の出現は地鳴り、あふれるほどの香りと光、遭遇した者の喜びや畏れという感覚的な表現になっている。*6

こうした描写から、人間が神の姿を直視することは困難で、たとえ姿をみることができたとしても、それはさまざまな姿のひとつにすぎないという考えがみてとれる。しかし、神を崇拝し儀式をおこなうためには、祈りの対象となる具体的な姿形が必要だ。古代エジプト人はそう考え、各神の能力や性質を伝えるわかりやすい外見を求めた結果、現在私たちが目にする古代エジプトの神々の姿が生まれたのだろう。

エジプト王国成立後のもっとも早い王の記念物といえる「ナルメル王のパレット」には、ハヤブサ姿のホルス神や、ウシの角と耳をもつ女性の顔であらわされたバト女神が登場している［図1-5］。このことから王朝時代の開始までには、重要な神々の姿が確立していたと考えられる。

王朝時代の神々の表現にはバリエーションがあり、一柱の神が二種類以上の姿で表現されることもめずらしくない。動物の姿、人の姿、それらを組み合わせた獣頭人身（あるいは人頭獣身）の姿である。古代エジプト人が動物を神の表現にとり入れたのは、神の能力や性質を表現するためだった。たとえば天体や空と関係した神には鳥、人間を凌駕する強い力や生命力をもつ神にはワニやウシ、といった具合に動物と神を組み合わせていったわけだ。

神々の表現のバリエーションは、社会の発展にともなって新たな姿がつけ加えられていった結果だという考えが古くから示されてきた。つまり「文明化」して自然を克服した古代エジプト人が、畏敬の念をもっていた動物の姿に加えて、それを支配した人の姿も使うようになったという解釈である。しかし現在では、初期王朝時代には同じ神が動物と人の両方の姿であらわされていたことが明らかになっており、時間の経過とともに表現が追加されていったという意見は受け入れられなくなってきた。神の姿は現実的な理由で使い分けられていた、という見方が示されるようになったのである。[*7]

たとえば神と王の親密な関係を示したい場面で、神に生命のシンボルをもたせ、それを王に与えている姿を表現する場合、神は人の姿にしたほうが都合がいいが、その神の能力を強調するためには動物の要素をみせたほうがいい、といった具合である。神と人間そして動物は同じ世界のなかに存在し、

図 1-5　ナルメル王のパレット
上端のふたつの突出部にウシの角と耳をもつバト女神、右上に敵の鼻輪を引くハヤブサ姿のホルス神が表現されている。（ヒエラコンポリス出土、第１王朝、硬砂岩製、高さ 64 cm）

それゆえ性質の一部を共有することがあると古代エジプト人は考えた。神と動物を結びつけることを不自然とは考えなかったのである。

神々のなかには、ほとんど一貫して人の姿で表現されるグループもある。太陽神アトゥムを始祖とするヘリオポリスの九柱神（ペセジェト）は、セト神を除いて人の姿が一般的な表現である。メンフィスのプタハ神、コプトスのミン神、西デルタのサイスのネイト女神もこのグループに加えることができる。これらの神々がもつ性質は抽象的で、動物の姿ではその性質を表現しにくかったのだろう。そこで性質と関連するシンボルや冠、器物などを頭に乗せたり身につけたりした人間の姿で表現することになったのだと考えられる。

神の姿はひとつではなく、どの表現をとってもその力を完全にあらわすことはできない。そのような考えが、逆に古代エジプトの神の表現を柔軟なものにしたといえる。[*8]

古代エジプト人は神体や壁に描かれた神が偶像であることをはっきり認識していた。メンフィスの創世神話を記した石碑「シャバカ・ストーン」には、つぎのような一節がある。

そして、神々は彼らの「肉体」に入った。そのなかで彼らが形をとる、あらゆる種類の木、あらゆる種類の鉱物、あらゆる種類の粘土、彼（創造神）の上で育つあらゆるものでできた肉体に。[*9]

ここでは地上の素材でつくられた像が、神の本来の姿を表現しているのではなく、神に姿を与える「器」であると述べられている。シャバカ・ストーンは第二五王朝に年代づけられる史料だが、内容はより古い時代につくられた文書のコピーであることがわかっている。メンフィスの創世神話が確立したのは新王国時代：第一九王朝と考えられているので、この一節もそこまでさかのぼる可能性が高い。つまり、少なくとも新王国時代以降の知識層は、神像が偶像であると認識していたのである。

神の像はさまざまな素材でできた偶像だったが、儀式を通して神の「バア」が宿ることで神の分身になるので、神像に対して礼拝をおこなうことは意味があると考えられた。バアとは、神や人に宿り、それぞれの性質や性格をかたちづくると考えられた古代エジプト特有の不可視の存在である。人間のバアは一人にひとつだったが、神はさまざまな性質をもつため複数のバアをその身に宿していた。そのため同じ神の像が各地にあっても、それぞれにバアが降りてくると考えられたのである。

聖獣と自然崇拝

古代エジプトの神々は動物や鳥、爬虫類、両生類、果ては昆虫まで、さまざまな生物と結びついていた。これらの生物のなかには、聖獣として神殿で飼育されたものもあった。聖獣は死ぬとミイラにされ、盛大な葬儀ののちに聖獣専用の墓に埋葬された（第5章4「動物崇拝と動物墓地」参照）。

こうした聖獣のもっとも古くかつ代表的な例は、メンフィスの聖牛アピスである［図5–15参照］。王朝時代後半には、聖獣と同種の動物ミイラが大量に生産され、それを参拝者が入手して神殿域内に設けられた動物用の集合墓に埋葬してもらうという、「動物崇拝」が人気を博した。動物崇拝で埋葬されたミイラはときに数百万体にもおよび、多くの参拝者が長期間にわたって奉納をおこなっていたこと

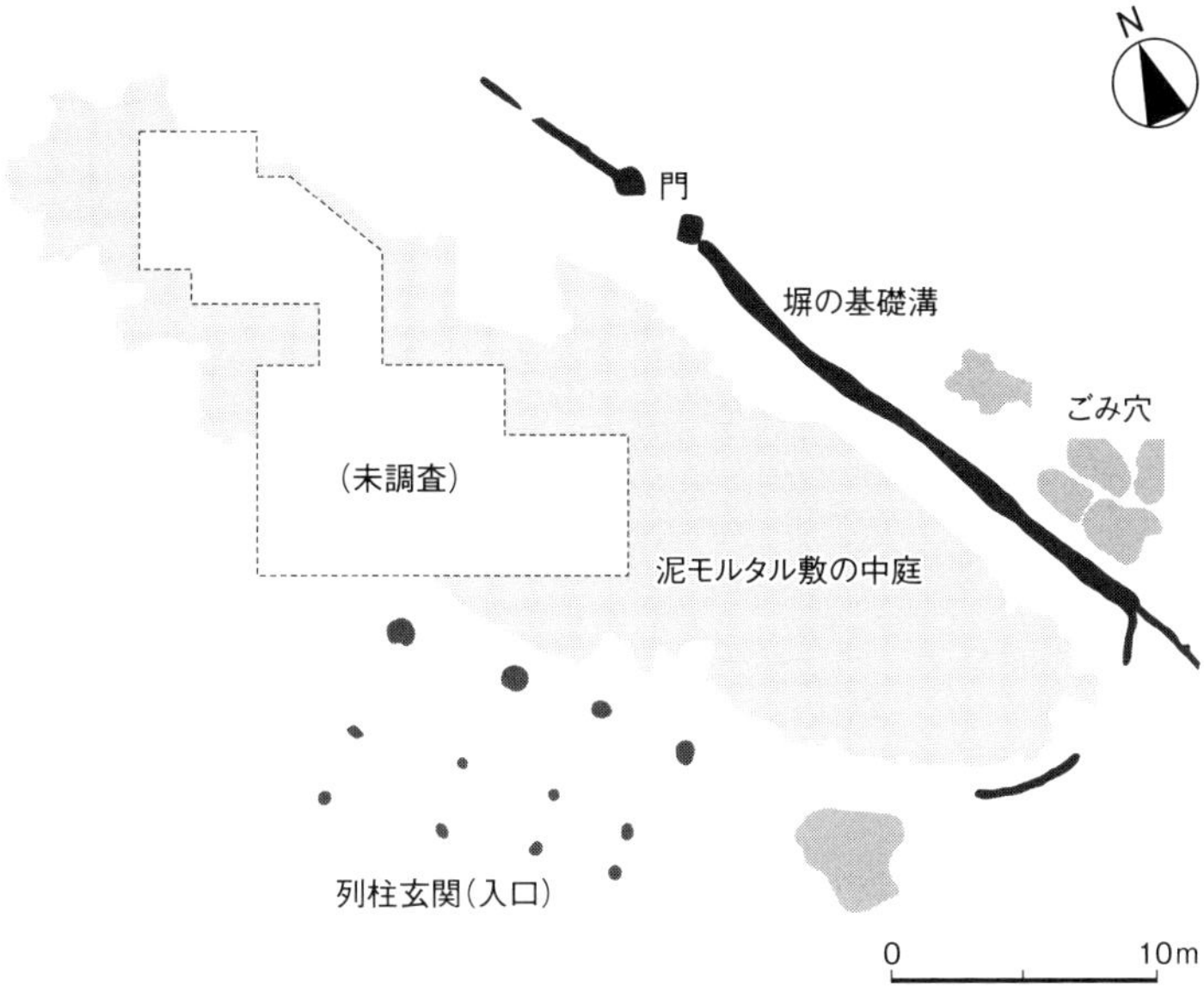

図1-6　ヒエラコンポリス遺跡の儀式空間（HK29A）平面図

を物語っている。

動物を媒介にしたこのような宗教行為がみられることから、古代エジプトの信仰は動物を崇拝するものだったというイメージが一般に根強い。しかし先にもふれたように、神々を動物の姿で表現するのは能力や性質を伝えるためで、動物そのものを崇める信仰ではなかったと多くの研究者が考えている。

上エジプトのヒエラコンポリス遺跡（古代名ネケン）では、先王朝時代：ナカダ文化Ⅱ期から初期王朝時代：第一王朝にかけて使用された、長辺約四五メートルの楕円形の空間と、それをとりかこむ塀の痕跡が砂漠の縁辺部で確認されている。この空間の入口は四本の太い木柱と八本のより細い木柱で構成された立派なもので、大規模な儀式空間と考えられている。この施設の周囲では複数の「ごみ穴」がみつかっており［図1−6］、儀式の際に殺されたと推測される動物の骨が大量に出土した。
この骨を分析した結果、ウシやヤギといった家畜だけでなく、カバやワニ、ガゼルなど多種の野生動物が八パーセントほど含まれていることが明らかになった。同遺跡の集落域で出土する野生動物の割合は一〜三パーセントと報告されているので、この施設には野生動物が意図的に集められ、犠牲として捧げられていたと考えられている。[*10]

王朝時代、集落や農地の外に広がる人の手の入っていない自然界は無秩序／混沌の領域で、野生動物は未開の自然界の象徴だった。混沌の領域は人々の畏怖の対象であり、その象徴である野生動物を殺すことは、混沌を倒して世界の秩序を維持するという観念的な意味をもっていた。

ヒエラコンポリスはエジプト王国の形成期に中心的な役割を果たした場所であり、ここで王朝時代に継承される観念とそれにもとづく儀式が生まれていったことは十分に考えられる。R・フリードマンらヒエラコンポリスの調査者たちは、エジプト王国の初代王ナルメルがヒエラコンポリスのホルス神殿に奉納した棍棒頭形記念物［図1-7］に描かれた場面が、この施設を舞台にした儀式という見解を示している。[*11]

この棍棒頭に表現されている全体のテーマは、同王のパレット形記念物［図1-5］と同じく、王によ

図1-7 ナルメル王の棍棒頭形記念物
左上のかこいや中央下段に犠牲獣と思われる動物たちが表現されている。（ヒエラコンポリス出土、第1王朝、石灰岩製、高さ19.8cm）

る敵対者の支配である。棍棒頭には手首を縛られた捕虜たちとともに、柵のなかにいる四足動物の姿が登場している。敵対者の支配という文脈でとらえるならば、これらの動物が自然界のコントロールを意味する儀式で犠牲になった可能性は十分にあるだろう。そうなるとごみ穴から出土した動物骨は、王朝時代開始前後の宗教儀礼に動物の崇拝とは真逆の思想があったことを示す証拠とみることができる。

ただし古代エジプトには、ナイル河の増水、星、玉座などの擬人化・神格化という実例がある。こうした例は特定の自然現象やある種の無生物に対して、古代エジプト人が神秘性や畏怖を感じていたことを示している。自然界への畏敬の念と支配・克服は表裏一体であり、王朝時代の国家祭祀が後者の様相をよく示していたとしても、古代エジプトの祈りの対象がもともとは自然崇拝やアニミズムから生まれたと考えることに無理はないだろう。

町の神と人名

エジプト各地の神は、崇拝されている土地の支配者と考えられていた。地域の中心的な町と結びついた神々は、たとえば「ヘルモポリスの主」(トト神)、「デンデラの女主」(ハトホル女神)などと呼ばれた。

神は町の神殿に宿り、町そのものとそこに住む人々を守護する存在だった。守護神を祀る地域の主神殿は、広大な領地を所有する場合も少なくなかった。これは神が地域の土地を所有していることを意味していた。王の戴冠式やセド祭（即位後に王としての力を新たにするためにおこなわれた祭り。王位更新祭）には各地の神々が中央に招かれ、王の支配権を承認する儀式が執りおこなわれたが、これも神が地域を代表する存在であるという認識を裏づけている。[*12]

地域の神々と人々の結びつきの深さは、しばしば子どもの名づけにもあらわれる。[*13] たとえばジェフティ・ヘテプ（トト神は満足する）、ニ・アンク・セクメト（わが命はセクメト女神に属する）、サト・ハトホル（ハトホル女神の娘）のような、特定の神への信心や帰属を示す名前はとてもポピュラーだった。全国的に知られ人気もあったイシスやホルスなど、地域にかかわらず名づけに登場する神もいる。だが、ジェド・プタハ・イウ・エフ・アンク（プタハ神は言った。彼は生きると）のような名前は、生まれてくる子どもの無事を願った両親が、自分たちの町の身近な神にうかがいを立てたことを示唆しており、人々の心の拠り所として地域の神が果たした役割の大きさが実感できる。ファイユーム地方のセベク神、上エジプトのアクミームのミン神などもそれぞれの地域の人名によく含まれている。

こうした名づけに身分のちがいはあまり影響しなかったようだ。たとえば中王国時代の「ピラミッド都市」として知られるラフーンの集落址出土のパピルス文書には、クヌム・ナクト（クヌム神は力強い）という名前の陶工が登場するが、[*14] この名前は同時代の高官にもよくみられる。幅広い身分の人々が、地域の神々や出身地への帰属意識をもっていたことがうかがわれる。

2　アク：祝福された魂

古代エジプト人は地下の世界（冥界）があり、死者はそこで第二の人生を送ると信じていた。死者はまず冥界の王であるオシリス神の館まで長い道のりをへてたどり着き、そこで生前のおこないを神々によってあらためられるとされた。この審判の判断基準は、太陽神がつくった世界の理（マアト）にしたがって生きたかどうかだった。

この試練を無事に通過した者が、冥界で第二の人生を送る権利を与えられ、「祝福された魂」あるいは「アク」と呼ばれる存在になると考えられた。他方で、試練を通過できなかった者や罪を犯して処刑された者は、マアトにしたがわなかった者とみなされ、「ムウト」と呼ばれる悪霊として冥界で神の罰を受けつづけると考えられた。

ただし現実には、刑罰によって遺体が焼かれでもしないかぎり、葬儀でおこなわれる一連の儀式や副葬品の効果によって、故人がアクになるのは確実と古代エジプト人は考えた。つまり品行方正な人生を送っていなくても、しっかりした葬儀をおこなうことができれば、再生の保証は得られるとされたわけである。オシリス神の館での審判への対策も、新王国時代以降広く使われた葬送文書である『死者の書』一二五章に定形の答弁が記載されていて、それが記されたパピルスの巻物を遺体のそばに置くことで困難が回避できると考えられた。ただ、『死者の書』のパピルスは高価であり、こうした準備ができない庶民が審判をどのように考え、あるいは克服しようとしていたかはわからない。

来世でアクになった人間は外見こそ生前のままだが、『死者の書』一四九章によると、身長は九キュービット（約四・七メートル）になり、[*15] 神のように地上の出来事に介入する力をもつようになると考えられた。アクになっても故人は供物を求め、あまりないがしろにされると怒って災いをもたらす存在にもなりうるとされた。したがって願いを聞いてもらうだけでなく、アクの機嫌を損ねないためにも、故人に奉仕することが必要と考えられたのである。

父母のような近い人から何世代も前の先祖までを含むアクへの祈りは、おもに墓や住宅に設けられた祭壇［図4–12参照］でおこなわれた。

墓における祈りは日常的な供養の一部として捧げられただけでなく、具体的な嘆願のかたちでおこなわれることもあった。奉献用の土器などに書かれた「死者への手紙」［図4–2参照］はその端的な例である。死者への手紙については、第四章で実例を紹介する。

住宅の祭壇は中王国時代末以降にみられる設備で、ここには特定の故人の姿が描かれた碑板（ステラ）や、「先祖の胸像」と呼ばれる特徴的な彫像が安置されることがあった。

聖人崇拝

生前の功績がとくに際立っていた人物のなかには、家族による葬祭を超えて崇拝の対象になった者がいた。キリスト教圏やイスラーム教圏でいうところの聖人（saint）のような存在で、実際、欧米の出版物ではこの呼称で紹介されることも多い。[*16]
　しかし古代エジプトの場合、宗教上の功績や奇蹟をおこなうことによって評価された人物はみあたらない。王から命じられた任務で目覚ましい成果をあげたり、著名な文学作品を執筆したりすると、世俗的な名声をえて尊敬を集め、やがてそれが崇拝に発展していったのである。ただ儒教における聖人には「智徳にすぐれ、人々の模範となる者」という意味があり、日本語の「聖人」にもそのニュアンスがとり入れられている。これは古代エジプトの聖人にもあてはまる。そこで本書では、東アジア的な意味で「聖人」を使っていくことにする。
　古代エジプトにおける聖人の代表格は、のちにジェセルと呼ばれた第三王朝の開祖、ネチェリケト王に仕えたイムヘテプだろう。イムヘテプは古代エジプト史上最初のピラミッドである、サッカラの階段ピラミッドの設計施工を主導した人物といわれる。同時代の史料が乏しいため、イムヘテプの実際の業績がどれほどのものだったかは判然としないが、その名前がジェセル王の彫像の台座に刻まれるという破格の扱いを受けていることから、宮廷で突出した人物だったことはまちがいない。
　イムヘテプは第一一王朝のアンテフ王の墓に記された「竪琴弾きの歌」で、やはり賢人として名高かったクフ王の王子ホルジェドエフとともに、その著作が当時も読まれている存在と歌われている。ジェセル王の治世から一〇〇〇年ほどあとの新王国時代になると、イムヘテプは「書記の守護者」や「プタハ神の息子」といったトト神にも用いられる形容辞で呼ばれるようになり、知恵や技芸と結びついた、より神に近い扱いになっていった。[*17]
　末期王朝時代になると、イムヘテプ信仰は隆盛をきわめる。神に昇格したイムヘテプのための神殿と神官組織が、彼の墓があると考えられたサッカラに整備されたのである。トト神同様、イムヘテプには病気や怪我を癒やす力があると考えられるようになり、サッカラの神殿は多くの参拝者を集めるようになった。

イムヘテプ像としてよく知られる、椅子に座りパピルス紙を膝の上に広げた神官姿の青銅製像は、末期王朝時代以降の奉納物として製作されたものである［図1-8］。プトレマイオス朝時代のイムヘテプは、病気治癒という性質からギリシアの医術の神アスクレピオスと同一視され、エジプト国外でも崇拝されることになる。イムヘテプは死後二千年あまりをへて、古代エジプトの宗教の重要な一角を占める存在になったのである。

図1-8　イムヘテプ像
（第25王朝、青銅製、高さ13cm）

ヘカイブ

イムヘテプという突出した例を除けば、聖人はその人物が活動し葬られた地域の、ローカルな守護者として崇拝を集める場合がほとんどだった。これらの聖人は神格化されていたわけではなく、神への嘆願を仲介してくれる高い徳をもつ故人という位置づけだったといえる。そのなかで南の国境の町が置かれたエレファンティネ島（古代名アブゥ）の高官ヘカイブは、島の行政長官たちの信仰を集め、さらには諸王の寄進も得て地域を越えて発展したためずらしい例だ。

ヘカイブは古王国時代：第六王朝の王であるペピ一世と二世の葬祭所領（故人の葬祭をまかなうための領地）の監督官を務めた人物である。本名はペピナクトなのだが、聖人としての呼称には生前のニックネームだったヘカイブが採用され、現在もこちらの名でよく知られている。

この人物が後世になって崇拝されたのは葬祭所領の役人だったからではなく、エジプトの南に位置するヌビア地域への遠征隊長に任命され、それを成し遂げたためと考えられている。「ヘカ・イブ」というニックネームは、「心の支配者」を意味している。中王国時代の宮廷文化では、己を律するという道徳感がとりわけ重んじられたので、[*18] このニックネームは時代の要求によく合致した。つまりヘカイブ信仰の背景には、自分の心をコントロールできる人物がヌビア遠征という王命を見事に果たしたという、役人の理想像を求める風潮があったわけだ。

ペピナクトが亡くなった直後から、彼の葬祭はナイル河西岸の墓だけでなく、エレファンティネ島の町のなかでもおこなわれていた。調査者が「House 2」と名づけた大規模な建物（行政長官の邸宅と考えられている）で、ペピナクト以外にも複数の遠征隊長の葬祭がおこなわれていたことが判明している。[*19] しかし第一中間期に、ペピナクト以外の葬祭は絶えていった。

つづく中王国時代には、ヘカイブと呼ばれるようになったペピナクトの崇拝が、エレファンティネ島の住民に広がっていった。それは行政長官などのエリート層がヘカイブ信仰のための祠堂を建て［図1-9］、島でおこなわれるソカル神の祝祭にヘカイブの彫像を文字どおり担ぎ出していたためらしい。

図 1-9　エレファンティネ島のヘカイブ祠堂
エリート層が奉納した彫像や石碑がいまも残る。

祠堂の出土資料は文字の刻まれた石製記念物ばかりなので、境内に入ることができたのはエリート層だけで、庶民が祠堂で祈りを捧げて奉納をおこなうことは認められていなかった可能性が高い。しかし、毎年の祝祭で姿をみせる地域の聖人は、身分を問わずエレファンティネ島の住民を守り、また恩恵をもたらす存在として認知されていったのだろう。

このほかにメンフィス地域では先に紹介した王子ホルジェドエフや、プタハヘテプ、カゲムニといった高官が、また上エジプトのエドフではイシという古王国時代の人物が後世に崇拝の対象になっていた。これらの人物に対する崇拝はそれぞれの墓でおこなわれていたらしく、帰依者の埋葬が墓の周辺で確認された例もある。ただしこれらの人物を崇拝していたのは、エリート層の人々にとどまっていたようだ。

新王国時代以降の著名人たち

新王国時代になると、「ハプの子」と呼ばれたアメンヘテプやカエムワセトといった著名人が登場し、後世に名を残した。

アメンヘテプは有力な家系の出身ではなかったが、本人の能力と人をひきつける性格によってアメンヘテプ三世の信頼を得たと考えられている。それは彼が「メムノンの巨像」で有名なアメンヘテプ三世葬祭殿（テーベ西岸）の建設や王のセド祭の差配など、王のための大規模かつ重要な事業をまかせられていたことにあらわれている。その貢献が認められ、アメンヘテプはテーベ西岸に自身の葬祭殿を建立することを許された。王族でもない人物が墓とは別に自前の神殿をもつのはかなりめずらしく、かつてのイムヘテプのように宮廷で突出した存在だったことがうかがわれる。

アメンヘテプはテーベ東岸のカルナク神殿複合体の中心であるアメン大神殿などに、人々の嘆願を神にとりつぐ「仲介者の像」を安置することも許されていた。このような記念物の存在が、彼に聖人としての性質を与えていったのだろう。アメンヘテプはヘレニズム・ローマ時代には、テーベ西岸のディール・アル＝バハリでイムヘテプとともに信仰の対象になっており、この段階ではイムヘテプ同様、治癒者という性格も与えられていたことがわかる。*[20]

ラメセス二世の第四王子カエムワセト［図1-10］の場合は、少し特殊だ。彼は、ヘレニズム・ローマ時代には「セトネ」という名で知られるようになり、知恵と力をもつ魔術師として民話の主人公を演じるようになる。

実際のカエムワセトはメンフィスのプタハ神の大神官を務めた人物で、おそらく父の命を受けてピラミッド・エリアの探索をおこなううちに、昔の王が残した文物に強い関心をもつようになった。彼は父の記念物に転用できそうな建築部材や彫像を古王国時代の王墓地で調達するかたわら、荒廃していたピラミッドなどの整備と修復をおこなった。そのため現在では、「史上最初のエジプト学者」の異名も与えられている。ちなみにセトネという名は、プタハ大神官の古称セテムが転訛したものである。

図 1–10　カエムワセト像（アシュート出土、第 19 王朝、珪岩製、高さ 143 cm）

過去に関心をもつ賢人という性格づけは、セトネの物語にも投影されている。物語で王子は、大昔の王子であり魔術師であるナネフェルカプタハが所有するトト神が書いた魔術書を手に入れるために、ナネフェルカプタハと魔術合戦を繰り広げる。*21 日本人にとっての一寸法師や金太郎のように、カエムワセトは古代エジプト後期の人々が子どものころから親しんでいた伝説の人物だったのかもしれない。

古代エジプトの聖人たちは、のちの宗教に登場する聖人たちと同様に、地域の信仰に特色をもたらし、また人々の文化的なアイデンティティの形成に一定の役割を果たした。古代エジプトの精神文化において、欠くことのできない存在ということができるだろう。

第2章

祈りの場 ——神殿

エジプトを訪れて私たちが目にする神殿は、重厚な塔門や見上げるばかりの石柱群、王の巨像といったもので強く印象づけられる。だが古代エジプトの神殿は、はじめから現在みられるような壮大な建物だったわけではない。この章では地域の信仰の場として誕生し、やがて国家祭祀の舞台として大きく発展していった神殿と、そこでおこなわれた祈りをみていこう。

1 神殿とは

みずからを創造した神ラーの威厳のもと、彼が人間と神々を統《す》べる王位にあったとき、人間はラーに対する謀反を企てた。(『天の牝牛の書』*1)

古代エジプトで各地に建てられた神殿は、「神の家・館」を意味する「フウト・ネチェル」あるいは「ペル・ネチェル」と呼ばれ、少なくとも新王国時代以降は天界にいる神が降臨し一時を過ごす場所と考えられたようだ。

新王国時代前半に成立した宗教文書『天の牝牛の書』では、人間による太陽神への叛逆の企てが露見し、それが発端になって太陽神が人間のもとを去り、天に昇ることが述べられている。類似した内容はエジプト最古の宗教文書『ピラミッド・テキスト』にも認められるので、このような神話はかなり早くからエジプトに存在していたのだろう。

太陽神が天に去ったあと、地上はその孫と曾孫にあたるゲブ神とオシリス神によって統治された。したがって人間は神の恩恵を失ったわけではなかったが、神が以前よりも遠い存在になってしまったのは確かだった。だが太陽神の恩恵は、地上界の存続にかかわる重大なものである。毎年必ずナイル河の増水がやって来るのも、家畜が子どもを産んでくれるのも、すべて太陽神が創り出した世界の理（マアト）が働いているからである。その恩恵を失うわけにはいかない。そのため神に天界から降りてきてもらう場を設け、たくさんの供物や賞賛の言葉を捧げて神の機嫌をとる必要があった。これが神殿の役割というわけである。

とはいえ、古代エジプト人がはじめからこのような考えをもって神殿を建て、神を崇めていたわけではないだろう。地域ごとの守護神が崇められていた先王朝時代には、もっとシンプルに日々の暮らしの安寧を願う祈りが捧げられていたはずである。ただ王朝時代がはじまると、国家や王権の安定と繁栄を得るために神を崇める、いわゆる国家祭祀が公的な宗教儀礼の中心に据えられた。時代をへるにしたがい、各地の神の聖域や礼拝施設は国家祭祀の枠組に組み込まれ、変容していったのである。

王朝時代初期の礼拝施設

遅くとも王朝時代が始まる前三〇〇〇年ころまでには、神が鎮座する聖域が各地で定まり、そこに常設の礼拝施設が建てられていったと考えられる。南の国境の町が置かれたエレファンティネ島では、島を構成する花崗岩の岩盤が奥行五メートルほどコの字形にくぼんだ場所にある岩の隙間が神聖視され、そこを祈りの焦点にするかたちで日乾レンガ造の祠堂が建てられた［図2-1］。

上エジプトのヒエラコンポリスの集落では、先王朝時代の終わりころに四八メートル四方、高さ二・三メートルの大きな砂のマウンドが築かれ、王国成立後もこの構造物が神聖視されつづけた。マウンドの復元案には諸説あるが、イギリスのエジプト学者B・J・ケンプは中王国時代になるまでマウンド上に建造物は築かれず、マウンドの側面に祠堂が設けられていたと推測している。*2

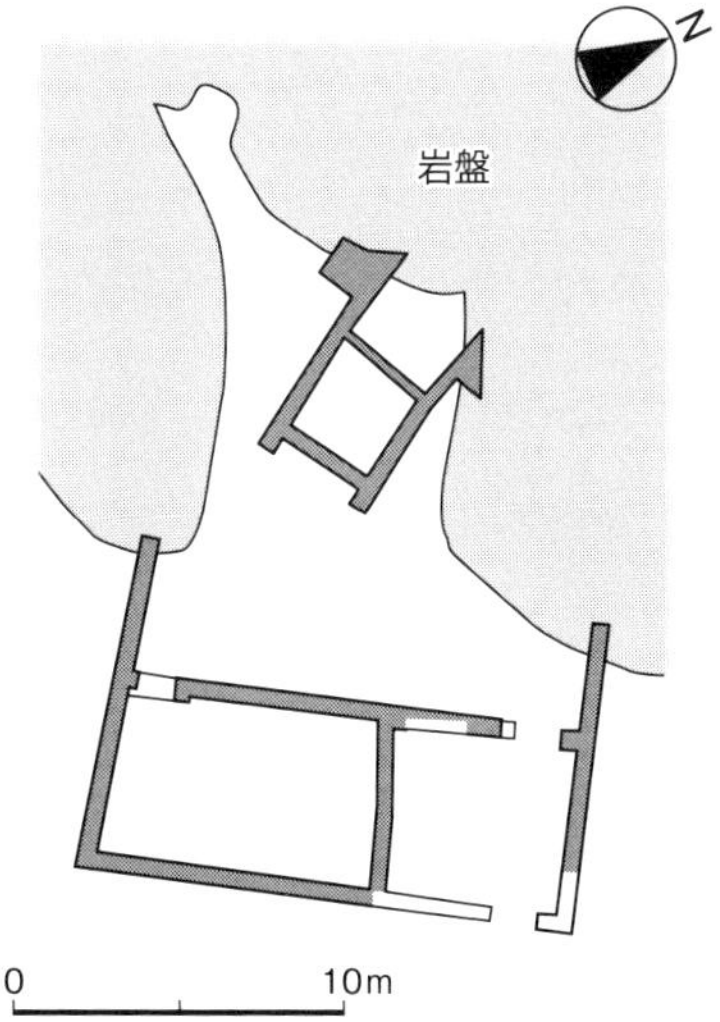

図2-1　エレファンティネ島の初期神殿平面図

テーベのすぐ北に位置するマダムード（古代名マドゥ）では、周壁にかこまれた土地に長辺

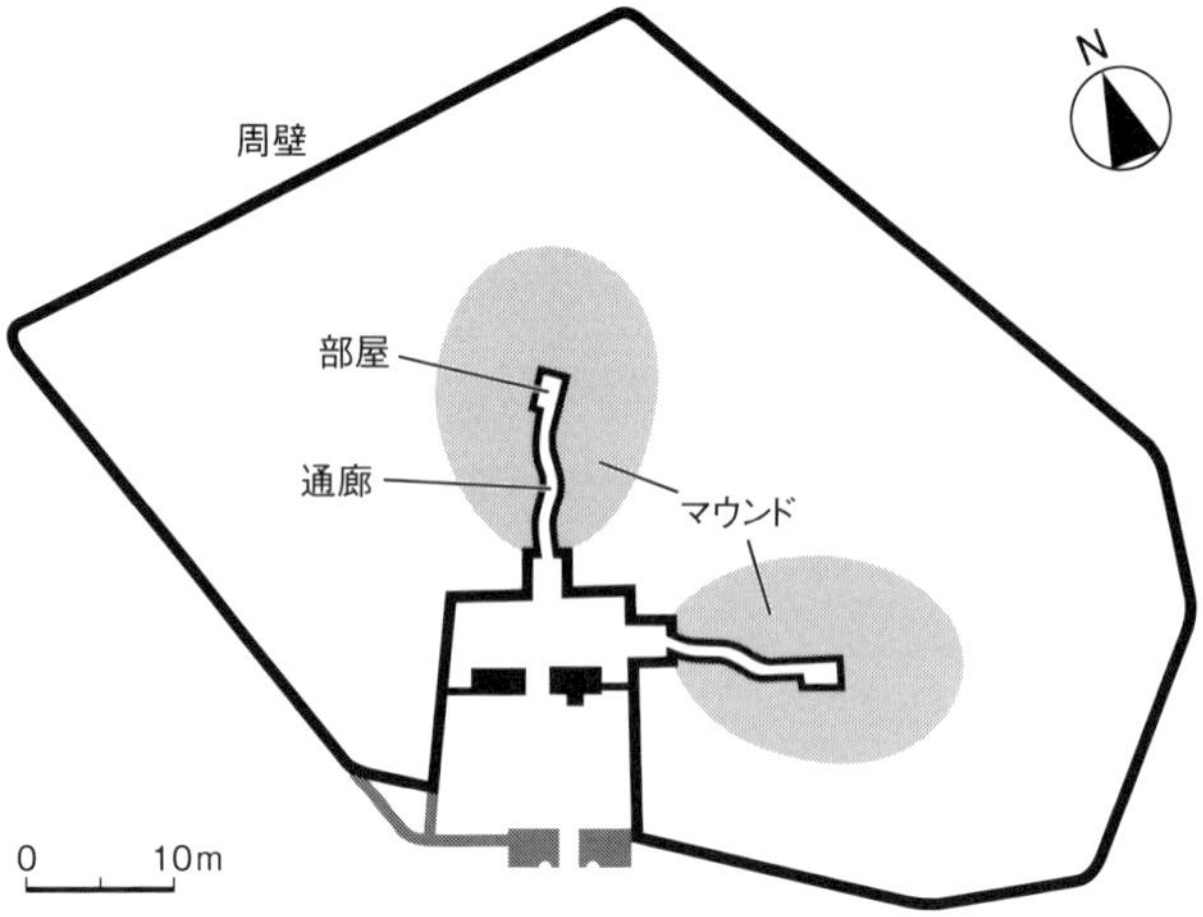

図 2-2　マダムードの初期神殿平面図

二〇メートル、短辺一五メートルほどの楕円形の土のマウンドがふたつ築かれ、それぞれのマウンド内部にむかう通廊と、マウンド内中央にひとつの部屋が造られた〔図2-2〕。周壁内からは炭化した木が多く出土し、マウンドが樹木か木柱にとりかこまれていたと推測されている。

テーベの北三五キロに位置するコプトスでは人工のマウンドは築かれず、自然の丘の上に植物素材を使って祠堂が建てられたことが、第六王朝の史料と考古学調査で確認されている。[*3]

東デルタのテル・イブラヒーム・アワドでは、先王朝時代の終わりに日乾レンガ造の横長の長方形をした建造物が築かれ、古王国時代にかけて何度も建て替えられた。最終的に長辺九メートル、短辺四・二メートルの規模になった建物の奥壁中央には、厨子を安置したと考えられる小部屋が設けられており、神殿とみなされている。[*4]

こうした各地の礼拝施設は、先王朝時代の終わりから古王国時代にかけて建設・整備され、中王国時代がはじまるころまで使用された。ケンプはそれぞれの地域で独自に発達したこれらの礼拝施設を、神殿建築が画一化する前の建物ということで「先フォーマル」と称している。先フォーマルの礼拝施設はひとつひとつがユニークな姿をしており、それぞれの地域における神のイメージやおこなわれた儀式に独自性があったことを推測させる。他方で上エジプトの事例では、自然か人工かのちがいはあれど、丘状の地形やそこに口を開けた薄暗い空間と神を結びつけるという共通の特徴がみてとれる。こうした礼拝施設のありようで思い起こされるのは宗教文書の記述で、中王国時代の葬送文書『コフィン・テキスト』のいくつかの章や『死者の書』一四九章には、神やアクとなった死者が住む丘や洞窟（部屋とも訳される）が登場する。[*5]

おそらく、特徴的な自然地形に神が宿るという感覚を古代エジプト人は古くからもっており、当初はそうした場所におもむいて祈りが捧げられていたことが考えられる。だが自然の山や洞窟が都合よく集落の近くにあるとは限らない。そこで人工的に神の宿る景観をつくっていったのが、先フォーマルの礼拝施設だったのではないだろうか。

中王国時代になると、こうしたユニークな特徴をもつ先フォーマルの礼拝施設は、王によって建て替えられていった。ナイル河下流域が再統一されたこの時代、王が各地方を政治的に掌握する手段として、神殿に盛んに関与するようになったのである。

新しい神殿は正方形や長方形の平面形をしており、建物の中心線上に神像のための部屋（至聖所と呼ばれる）を配置する整然とした建物だった［図2-3］。ケンプが「前期フォーマル」と呼ぶこの時代の神殿は、規模こそ小さいものの、新王国時代以降の神殿建築の出発点として重要な意味をもっている。

王朝時代後期の神殿建築

新王国時代になると、神殿のデザインの画一化がさらに進む。入口に高い塔門がそびえ、その背後にひとつないしふたつの吹き抜けの中庭があり、つぎに屋根のある列柱室、そして内陣（至聖所）という、現在われわれが目にする構成の神殿がエジプト各地に建設されていったのである。ケンプはこれを「成熟期フォーマル」と呼んでいる。*6

ただし、神殿が建て替えられても、初期の聖域で神が宿るとされた場の記憶は継承されていったことが、エレファンティネ島やマダムードなどの調査で明らかになっている。これらの遺跡では、初期の祈りの焦点になっていた場所のかなり近くに、後期の神殿の至聖所が位置しているのである。おそらく長い歴史をもつ神殿では、同様の配慮のもと建て替えがおこなわれたのだろう。

成熟期、そして末期王朝時代からヘレニズム・ローマ時代に相当する「後期フォーマル」の神殿では、建物全体の形は長方形になり、「前期フォーマル」にはじまる中心線に沿って左右対称に部屋を配置する意識がよりはっきりとあらわれる［図2-4］。ドイツのエジプト学者J・アスマンはこのよう

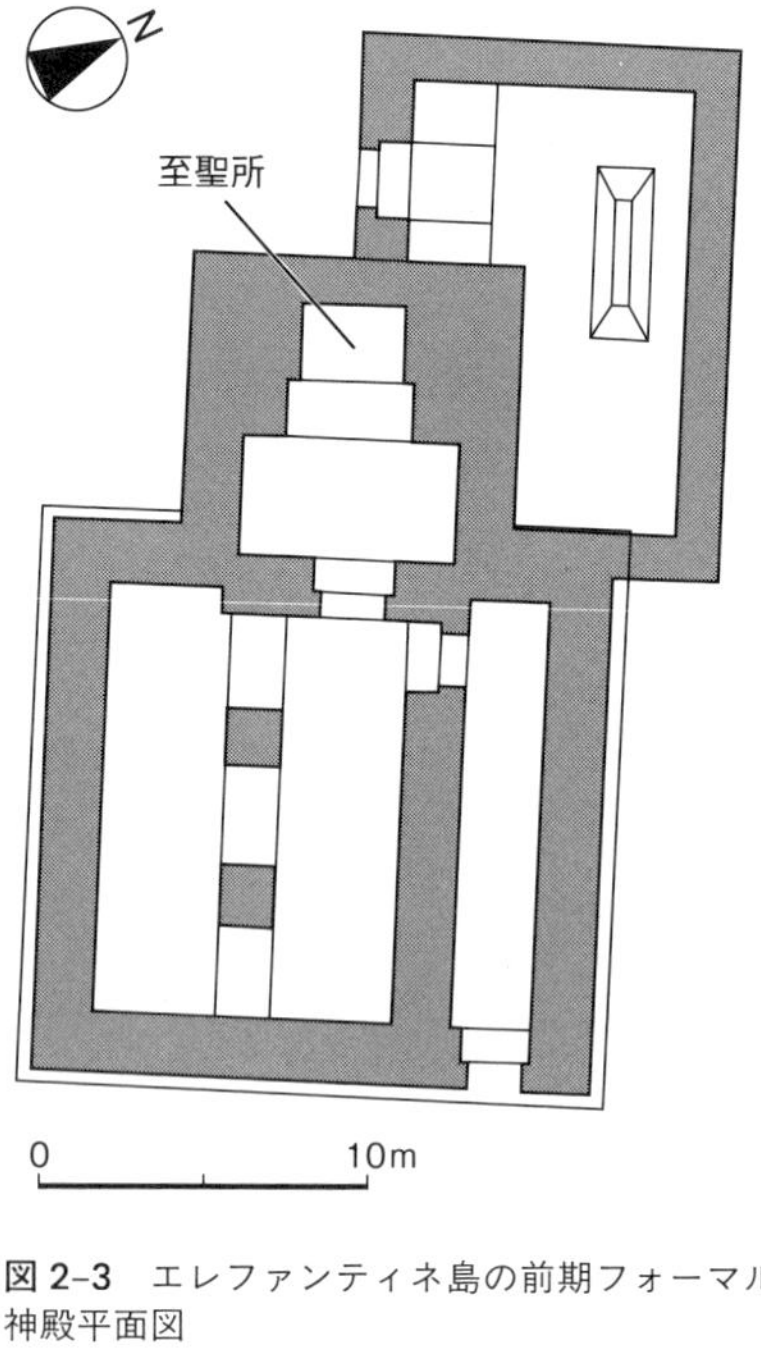

図 2-3　エレファンティネ島の前期フォーマル神殿平面図

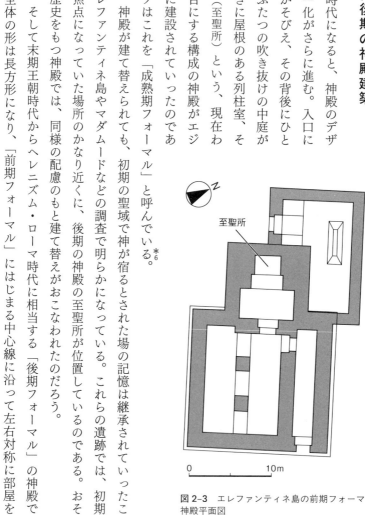

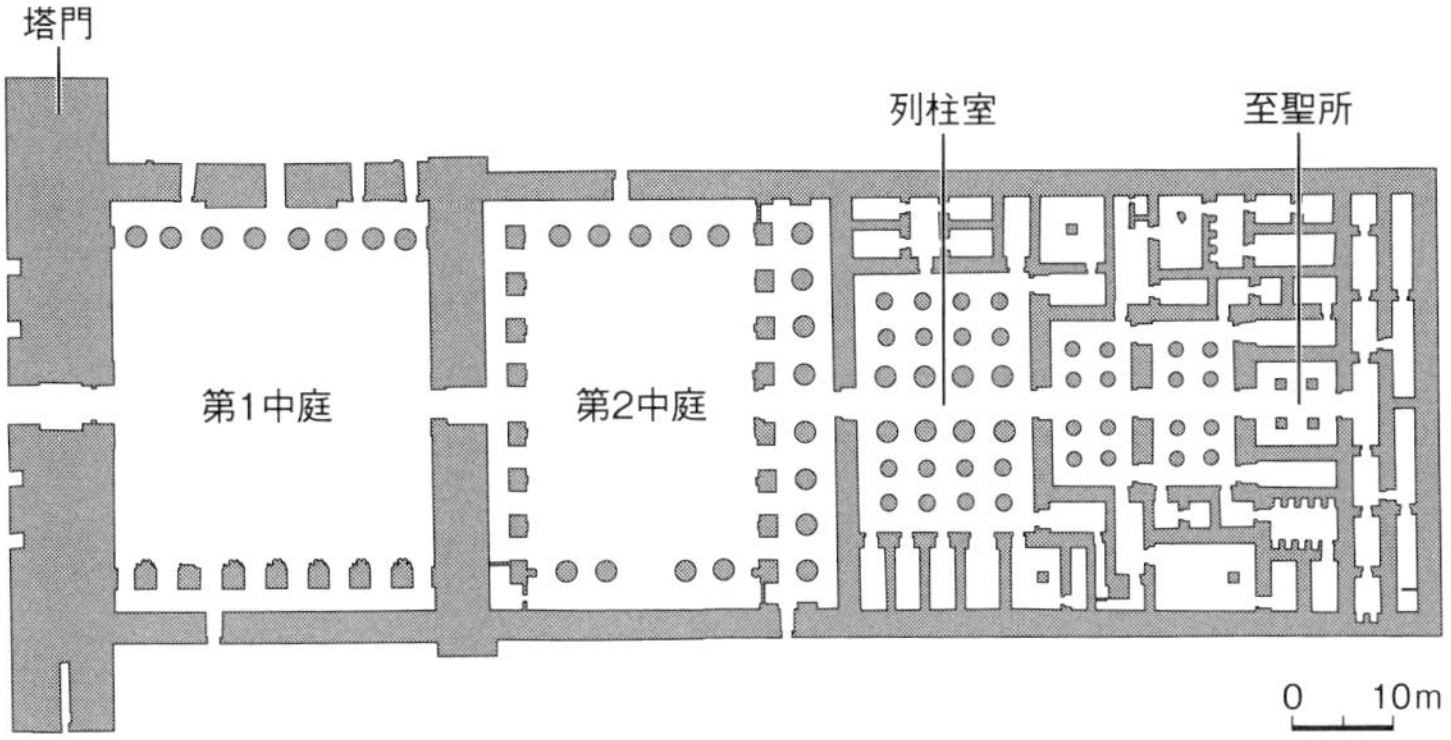

図 2-4 成熟期フォーマル神殿平面図（テーベ西岸、ラメセス３世葬祭殿）

な神殿のデザインを、至聖所の中心にいる神（神像）が祝祭で人々の前に姿をあらわす際の、「道」を明示するためのものだったと解釈している。[*7]

塔門の中央には木製の大扉が備えつけられていたが、この扉はふだんは閉じられており、神が神殿を出るときにだけ開かれた。大扉のこうした機能は、神殿の中心軸が神のための道であることをはっきり示している。神官たちが神殿に出入りするためには、建物側面に設けられた通用口が使われていた。

神殿建築の象徴性

成熟期・後期フォーマルの神殿は画一的だが、建物のデザインに込められた象徴的意味は、はるか昔の先フォーマルの礼拝施設に通じるものも含んでいる。後期フォーマルの神殿では、塔門から至聖所にむかって、ゆるやかに床が高くなっていた。つまり、神が住む丘状の地形が人工的に造り出されていたとみることができる。

一方で、天井は至聖所が一番低く、列柱室そして中庭にむかって高くなっていく造りになっていた。至聖所は明かりとりの窓もなく、神像を収めている厨子は暗闇のなかにあった。厨子を起点にしてみると、神殿の入口にむかっていくにしたがって空間が広がり、光が満ちてくるという仕かけになっていることがわかる。

この仕かけには、至聖所を世界のはじまりの場である「原初の丘」とみなし、そこに神が出現して世界が創造されていく様子を再現する意図があったとみることができる。至聖所の前にある列柱室には、天井の重量を支えるのに必要な数を上まわる多くの柱が立ちならんでおり、その柱頭にはパピルス草やロータス（スイレンあるいはユリをあらわしているとされる）、ナツメヤシといった、ナイル河流域の植物をモチーフにしたデザインが採用されている［図2–5］。これも原初の丘からはじまった世界に植物が生まれ、天にむかって伸びていくさまを表現したものと考えることができる。

後期フォーマルの神殿に投影されたこうした象徴性は、祝祭の際にとりわけドラマティックなイメージをつくり出した。つまり厨子の扉が開かれて神が目覚め（あるいは降臨し）、神輿に乗せられて至聖所から歩みを進めるにしたがい世界に光がもたらされ、また世界そのものが拡大していくという光

図 2–5　ホルス神殿（エドフ）の列柱室
束ねたパピルス草を表現したパピルス柱が天井を支えている。

景が展開されたのである。創世は太陽神のわざとして広く知られていたが、後期フォーマルの神殿では各地域の主神が世界のはじまりから存在していた偉大な存在だったことを、建築デザインのなかで表現しているとみることができる。*8

2　神官と神殿組織

神に祈りと供物《くもつ》を捧げるのは、本来、神と交信し、神の意思を人々に伝える能力をもつとされた王の役目だった。しかしエジプト各地に点在する神殿で、王自身が日常の儀式を同時におこなうのは物理的に不可能である。そこで王は、ふたつの手段によって問題の解決を図った。ひとつは神殿の壁のあちこちに、神に奉仕する自分の姿を刻ませることである。古代エジプト人らしい、壁画の自分が現実世界の補完をしてくれるという発想である。そしてもうひとつは、自分に代わって儀式をおこなう聖職者、つまり神官を各神殿に配置することだった。

エジプト王国が成立する前から、地方の礼拝施設には儀式をおこなう人物がいたと考えられ、最初はそのような既存の聖職者が王の代行者に任命された可能性がある。時代がくだると地縁のない人物が地方の高位の神官職につくこともあったが、いずれにしても王の代行者に任命されるのは名誉なことだった。ただしそれは、必ずしも個人の資質や人柄が評価された結果だったわけではない。神官職はしばしば世襲されていたし、高官の家系から重要な神官職をつとめる人物が出ることもめずらしくなかった。ほかの役職と同様に、家柄が任命の要因になっていたのは確かだろう。

神官は頭を綺麗に剃りあげ、白い衣と白いサンダルを身につけていた［図2-6］。このようないでたちは、神官の身の清らかさを示すためのものだった。多くの文化で、神に仕える聖職者は常人にはない心身の清らかさをもつことが求められたであろう。しかし古代エジプトの場合、心の清らかさがどれだけ重んじられていたのかは定かでない。人格者であることは前提条件だったのかもしれないが、史資料にあらわれるのはもっぱら外見の清浄さにかかわることなのである。

図2-6　神官のいでたち
（テーベ西岸、277号墓・アメンエムオネトの墓）

神官の就業形態

新王国時代になるまで、神官の多くはほかの職務を兼任していた。聖職をつとめながら、役人などとして世俗の仕事をするのが当たり前だったのである。

神殿での奉仕に従事する際には、神官たちは「サゥ」と呼ばれたグループに分けられ、輪番で勤務した。サゥの数や輪番の仕組みは時代や神殿によって若干異なっていて、たとえば古王国時代：第五王朝のネフェルエフラー王の葬祭殿の場合、サゥは五つあり、さらに各サゥを半分にした合計一〇グループで輪番が組まれていた。一グループ（半サゥ）は二〇人ほどで構成され、一カ月のあいだ神殿での活動に従事した。[*9] 中王国時代：第一二王朝のセンウセレト二世の葬祭をおこなっていたラフーンのピラミッド都市（古代名ヘテプ・センウセレト）では、サゥは四つで、各サゥが年三回の奉仕に従事していた。ネフェルエフラー王の葬祭神官たちがほとんど年一回、一カ月程度の割り当てだったことにくらべると、ラフーンの神官たちは神殿での活動期間が長かったということになる。

新王国時代にもサゥにもとづいた奉仕がおこなわれていたが、一人の神官が異なるサゥに複数回割り当てられていることもあり、結果としてフルタイムに近い勤務状況になる場合もあった。[*10]

おもな神官職

神官には時代、仕える神、地域によってさまざまな位があり、ここで網羅的に紹介することはむずかしい。そこでもっとも広くみられる「ヘム・ネチェル神官」、「朗唱神官」、「ウアブ神官」について概要を紹介しておきたい。

ヘム・ネチェル神官は、初期王朝時代の史料にもあらわれる、長い伝統をもつ神官職である。ヘム・ネチェルは「神のしもべ」を意味する言葉で、フルタイムで神殿の活動に従事する真の神官職だった。ヘム・ネチェル神官は神に対する日々の儀式や神殿の内外で盛大におこなわれる祝祭で中心的な役割を果たしただけでなく、神殿の所領の運営や神殿域内の建設活動などを監督する立場でもあった。中王国時代までは地方の行政長官がその地方の主神の「大神官（ヘム・ネチェル・テピ）」を兼務していることが多く、聖俗両方の権限を一手に握っていたことがわかる。

神殿に複数いるヘム・ネチェル神官には身分差があり、たとえばテーベ東岸のカルナクのアメン大神殿には、新王国時代に四つのランクがあったことがわかっている。「アメン大神官」はカルナクの神殿組織の頂点に立っていただけでなく、しばしば王から「上下エジプト神官長」の称号を与えられ、文字どおりエジプト全土の神官の頂点に君臨していた。その権勢は国家神アメン・ラーの影響力とともに増大し、新王国時代の終わりには、アメン大神官がアメン・ラーの名のもとにエジプト南部を実効支配する「アメン神権国家」が登場した。

朗誦《ろうしょう》神官（ヘリ・ヘベト）は、その名のとおり、さまざまな儀式の場で祈りの言葉を唱えることを役割としていた。神殿には複数の朗誦神官が所属しており、全体を統括し朗誦を先導する「主任朗誦神官（ヘリ・ヘベト・ヘリ・テプ）」が任命されていた。

朗誦神官の活躍の場は神殿だけではなく、エリート層の葬儀に雇われてミイラの製作中や死者の五感を回復する口開けの儀式の際に祈禱文を詠唱する役割も担っていた。また王の即位式で神の言葉を伝えたり、神託の結果を請願者に伝える役目を任じられることもあった。つまり朗誦神官は儀式のスペシャリストとして聖俗関係なく仕事に従事していたのである。*11

神官のなかでもとりわけ言葉にかかわる職位だった朗誦神官は、知恵の神トトと結びつきが強いと考えられ、トト神のいでたちとして知られる肩から斜めがけにした白いサッシュを身につけた。朗誦神官は神官の任にない時も、医師やまじない師としてその能力を生かしていた場合が多かったとみられる。

神官組織の下位に位置するのがウアブ神官である。ウアブは「清い」を意味する言葉だが、これは神殿での奉仕に従事できる最低限の清らかさを備えている、という意味だったらしい。というのも、ウアブ神官は原則的に神殿の至聖所に入ることが許されず、神体に対する儀式では補助的な役割しか果たさなかったのである。

第一九王朝時代にカルナクのアメン大神官だったバクエンコンスの自伝には、神官としてのキャリアのはじめに四年間ウアブ神官をつとめたことが記されている。[*12] バクエンコンスの父親は、カルナクのアメン大神殿で第二ヘム・ネチェル神官をつとめた有力者だったから、たとえ有力な家の出身者であっても、神官としてのキャリアは下積みからはじめたことがわかる。

多くの職位がある神官の昇進がどのようにして決定されたのかは明らかでない。神官は職務ごとに役割があったはずなので、儀式の所作や必要な知識を身につけているかを計る昇進試験があった可能性はある。昇進試験の存在は推測の域を出ないが、新たな職位をえた神官たちを神に紹介する儀式が存在していたことはわかっている。

女性神官

古王国時代には、エリート層の子女のなかにハトホルやネイトといった女神に仕える女性神官（へメト・ネチェル）がいた。この時代に女性のウアブ神官は確認できないが、第五王朝のネフェルエフラー王の葬祭殿のサゥには、男性のウアブ神官と同じ役目を果たし、同等の報酬を得ている女性がいた。

中王国時代になると、女性のウアブ神官（ウアベト）が登場する一方で、神官職に就いている女性の例は減少する。この傾向は新王国時代になるとさらに顕著になり、女性神官はほとんど認められなくなる。しかし、この変化にどのような社会的背景があるのかはまだ解明が進んでいない。

新王国時代に女性神官はまれな存在になったが、女性たちが神殿の儀式にまったくかかわらなくなったわけではなかった。この時代に女性たちが果たしたのは、儀式に歌や音楽をそえる「合唱団」という役割だった。エリート層の妻や娘はしばしば「〇〇神の歌い手（シェマイト）」の称号をもち、地域の神の儀式に参画していたことがわかる［図2-7］。

これとは別に、古王国時代以降「ケネル」と呼ばれる集団が神殿に所属していることもあった。*13 ケネルは歌い手や踊り手、楽士からなる専門集団で、性別も年齢も幅広い人々で構成されていた。祝祭で披露される軽業のようなダンスも、ケネルに属する年少者がおこなっていた。歌や音楽は宗教儀式

図 2-7　神の歌い手たち
クラッパー（拍子木）やシストルム（ガラガラ）、タンバリンを打ち鳴らし、縦笛を吹く女性たちが描写されている。（テーベ西岸、19号墓・アメンメスの墓）

だけでなく、ブドウ搾りのような労働の場面でも活用された。神殿のケネルの構成員も、神殿の所領でおこなわれる生産活動に派遣されていたのかもしれない。

神殿の技術者たち

古代エジプトの神殿は、神を祀る本体建物だけで成り立っていたわけではなかった。神殿域内や付近には、神殿に付属する工房や倉庫群が建っていた。新王国時代の史資料をみると、壁画や銘文を描く画工や彫像を製作する彫刻師、祭具や備品を製作する木工職人や金細工師、鍛冶職人、神像や神官の衣を織る機織り、履物をつくる履物職人、神に捧げるパンを焼くパン職人、ビールを醸造するビール職人、花や野菜を育てる庭師など、神殿には多様な技術者がいたことがわかる[図2-8][*14]。

カルナクのアメン大神殿に付属する大規模な工房では、馬が曳く二輪馬車なども製作されていたことがわかっている。神殿にも警備のための人員はいたが、二輪馬車は専門性の高い兵器であり、神殿儀礼に登場するわけでもないこ

図 2–8　神殿の工房の様子
（テーベ西岸、100 号墓・レクミラの墓）

とから、備品とは考えにくい。大神殿の工房には優秀な技術者たちが所属しており、国から請け負って高い技術力と設備を必要とするものの製作をしていたと考えるべきだろう。

このように神殿の工房は優れた技術をもち、また各王によって打ち出された美術表現を具体的なかたちにしていくという重要な役割も果たした。各地の神殿は、神官や書記たちによって知識・記憶が文書として蓄積される場だっただけでなく、職人たちによって技術の継承とエリート文化の発信がおこなわれる場でもあったのである。

さまざまなものを製作する工房に加えて、有力な神殿のなかには自前の外洋船をもち、王から外国との交易を許されたものまであった。そのような神殿では、船を操る水夫たちや船を修繕する船大工なども神殿組織に組み込まれていた。[*15]

神殿に属し、神官たちの監督下で活動していたこれらの労働力は、新王国時代には「セメデト」と呼ばれていた。彼らは神官たちと異なり、フルタイムの技術者・労働者として神殿で働いていたと考えられる。

神殿の所領

神殿は、王からの土地の寄進が増えた古王国時代：第五王朝以降は、広大な領地も所有するようになった。

神殿の所領は神殿組織の運営を経済的に支えるもので、畑地と牧草地を主体としており、生産活動に直接たずさわる農民や牧夫が多数雇われ、さらには戦争捕虜などの労働力も保持していた。畑で生産された穀物、野菜、果物などは神殿の倉庫に備蓄され、神に捧げられるパンやビールの原材料になり、また神殿の構成員たちへの報酬として使われた。家畜（とくにウシ）は神殿の財産として厳格に管理され、物々交換の原資になっただけでなく、特別に飼育されたものが儀式の際の犠牲獣になった。

B・J・ケンプはテーベ西岸のラメセス二世葬祭殿（現在はラメセウムの名で知られる）に付属する、大規模な倉庫群［図2-9］の収容力から所領の規模を試算している。それによると所領の面積はおよそ四一二平方キロにおよんでおり、これはテーベが属する上エジプト第四州の農地のおよそ三分の一に相当するという。[*16]

第二〇王朝のラメセス五世治世下に作成された検地台帳である『ウィルボー・パピルス』をみると、カルナクのアメン大神殿やメンフィスのプタハ神殿が、ファイユーム地方から中エジプトのミニヤ付近までのナイル河流域に複数の所領をもっていたことがわかる。有力な神殿が古代エジプト経済に果たした役割の大きさがうかがわれる。事実、第二〇王朝のラメセス三世の治世に起こった王墓造営職人のストライキでは、ラメセウムが国庫の肩代わりをして報酬を支払っている。

図2–9　ラメセウム（ラメセス2世葬祭殿）の倉庫群
長大な空間をつくるためにアーチ状のヴォールト天井を採用した倉庫群が良好な状態で残っている。

神殿の経済力が大きくなっていく一方で、王は神殿の所領をつけ替える権限をもっていた。各王が自身に有益な神殿に所領を寄進していった結果、大きく所領を減らす神殿もあったことがわかっている。

第二〇王朝のラメセス三世治世下に編纂された『大ハリス・パピルス』には、テーベ西岸にあるマディーナト・ハブのラメセス三世葬祭殿の雇用者が六万二六二六人、カルナクのアメン大神殿の雇用者が八万六四八六人という記録が認められる。*17 有力な神殿はひとつの都市といえるほどの人員をかかえていたのである。神殿は、農民をふくむさまざまな人を雇用し、エジプト社会を支えていた重要な機関だったことがうかがわれる。

歴代の王は、自身の威信と影響力を示し地方の有力者や神官組織と良好な関係を築くために、各地の神殿の増改築をおこなった。こうした建設活動の多くはピラミッド建設ほど大規模なものではなかったが、恒常的な事業だったといえる。つまりエジプト全土に視野を広げると、つねにどこかの神殿で工事がおこなわれており、壁や柱にするための石材や石像の切り出しとその運搬・設置のために、多くの労働者が絶えず動員されていたのである。

3 神殿での日々の儀式

神々も人間と同じ欲求をもっていると信じていた古代エジプト人は、それを適えることが神の恩恵を得る確かな方法と考えた。その基本となるのは、日々の衣食を提供することだった。エジプト語で「供物」を意味する「ヘテプ」は「満足」という意味もあり、供物を捧げて神を満足させることが、古代エジプトの儀式の中核になっていた。*[18]

神殿における日々の儀式のなかでも比較的詳細な情報が得られるのは、神の起床と朝食の儀式である。こうした儀式の場面やその際に唱えられた祈禱文は、神殿の壁面装飾の主要なテーマのひとつで、カルナクのアメン大神殿の大列柱室、アビドスのセティ一世神殿、テーベ西岸のラメセス三世葬祭殿の第一中庭などにみることができる。いくつもの所作を組み合わせた朝の儀式の手順は複雑であり、そのことがいっそうこの儀式の重要性を伝えている。史料をもとに朝の儀式の流れを再現してみよう。*[19]

儀式のはじまり

夜明け前、儀式をおこなうために集まった神官たちは、まずナトロンの塊を口に含んで口中と体のなかを清めた。清めに使われたナトロンは炭酸ナトリウムを主成分とする鉱物で、古代エジプトではミイラ製作で遺体を脱水する際にも使われた。

つぎに神官たちは、神殿域の一角に設けられた聖池で身を清めた。現存する神殿の聖池としては、カルナクのアメン大神殿やデンデラのハトホル神殿にあるプールのような遺構が有名だが、たいていはそれほど大規模なものではなく、内壁に階段のついた円形や四角形の井戸や、短い水路のような形態をもつ場合が多かったようだ［図2-10］。

聖池から上がった神官は真新しい白い衣と白い革のサンダルを履き、儀式に参加する清らかさを身につけたことを示す。そして灯明を手に通用口から神殿に入り、至聖所へと進んでいく。神像を収めた厨子が安置されている至聖所に入るさいにはなんらかの言葉が唱えられたはずだが、実際の文言ははっきりしない。

至聖所中央の台石に据えられた厨子の扉は二本のかんぬきで閉じられており、その上には前日の儀式の終わりにつけられた粘土の封印があった。神官たちは「粘土の封印が壊される。汝に空が開かれる」と唱えて封印を壊し、かんぬきを引いた。そして香を焚き「空のふたつの扉が開けられる。大地のふたつの扉が開けられる。開くのは空の扉なり」と唱えて扉を開いた。

ある種の薫香《くんこう》は「神聖にするもの」を意味する「セネチェル」と呼ばれた。古代エジプトの儀式では例外なくまず香が焚かれたが、それは儀式の場を清めるとともに、神の降臨を香りによって演出する意味があったと考えられる。というのも、薫香の主成分である乳香《にゅうこう》や没薬《もつやく》の香りは、神の体臭と考えられたからである。

図 2–10　神殿の聖池（エレファンティネ島、クヌム神殿）

神の目覚め

扉が開いて神の姿があらわれると神官たちは床に平伏し、続いて至聖所のなかを水と香で清めた。つぎに神体に手をふれるための言葉を唱え、彫像を厨子から引き出した。

古代エジプトで神体となっていた彫像は、神の不滅性を示すために金属製や石製が多かったと考えられる。ただローマ属州時代に古代の信仰が禁止された後、大半が破壊されてしまったため、現存するものはきわめて少ない。滋賀県のMIHO Museumに所蔵されている高さ四二センチの銀製隼頭《じゅんとう》神像は、神体の姿を伝える貴重な資料のひとつと考えられている［図2-11］。銀は神の骨と考えられた物質で、この隼頭神像も本来は全体が金箔で覆われていたはずである。金は神の肉体を構成する物質であり、鍍金されてはじめて完全な神の姿が表現されたといえるからである。

さて厨子から引き出された神体は、厨子の前の床につくられた白砂の山の上に置かれた。白砂で山をつくるのは、原初の丘に神が降臨したイメージを再現する意図があったといわれている。神官は砂山の上に置いた神像から前日に塗られた軟膏をぬぐい落とし、衣を脱がせた。ここでふたたび香

図2-11　隼頭神像
（ヘルモポリス出土？、新王国時代あるいは末期王朝時代、銀に鍍金、高さ42cm）

と祈りが神に捧げられ、白色・緑色・赤色の衣が順に像に着せられた。

これら三色の衣はそれぞれの色の象徴性、つまり白色は光、緑色は植物の生命力、赤色は炎や守りの力と結びついていることが祈禱文のなかで語られている。*20 三色の衣を神像にまとわせることによって、神が光と新緑のような若々しさと強大な力を得たことが表現されたのだった。

図2–12　イシス女神に布を捧げるセティ1世（アビドス、セティ1世神殿）

この儀式の内容から、現存する神像はほとんどすべてが「裸」の状態であり、とくに神体は本来は衣をまとっていたことがわかる。ツタンカーメン王墓からは胴体が布で巻かれ、小さな襟飾りをつけた神像がいくつか出土していて神体の姿を考える参考になる。彫像に袖つきの服を着せるのは不可能なので、神体の着替えはツタンカーメン王墓の神像のように、一枚布を巻きつける方法だったのだろう。事実、この場面を描いた壁画では、儀式をおこなう王が細長い布を神に捧げていることがみてとれる［図2–12］。

着替えの終わった神体には、幅広の襟飾りとメナトと呼ばれた釣り合いおもり（背中側に垂らして襟飾りがずれるのを防ぐ）が首に掛けられた。そのあと神体は厨子に戻され、さらに冠やウアス杖など神の力を示す持ち物で飾られた。そして新しい軟膏が塗られ、最後に大きな衣が着せられた。軟膏をぬぐい落としたり塗る際には、右手の小指を使う取り決めがあったことが壁画から読みとれる[図2-13]。また、大きな衣は「イシスが織り、ネフティスが紡いだ」もので、神が敵に対して勝利することを約束するものだった。

一連の奉仕が終わると神官たちはふたたび香を焚き、厨子のまわりを四周して神体の四方を清めた。起床の儀式はこれで終わり、神官たちは至聖所から退出していくことになるが、続けて朝食の奉献がおこなわれたと考えられる。

神の食事[*21]

朝食の儀式では、あらためて至聖所を清めた後に特別な供物台が準備された。これはカマボコ状の突起を上面に何列も削り出した石製の台で、その上で火を焚くことができるグリルだった。供物台の上で火おこしが終わると香がくべられ、続いてウシの脂肪と肉が焼かれた。神官は火が勢いよく燃えるようにうちわであおぎ、ビールも捧げられた。つぎに白いパン、ケーキ、ビール、ワイン、ミルクが捧げられ、さらにワインとビールが献酒され、香が焚かれた。

食事が焼いた肉ではじまるのは、現代の感覚からすると

図2-13　アメン神に軟膏を塗るセティ1世
(アビドス、セティ1世神殿)

少し奇妙に思うかもしれないが、ここにも捧げ物がもつ観念的な意味があった。たとえば脂肪を捧げるときには、「おびただしいものがやって来る。豊かさが加わる。ホルスは彼の眼を癒やす（スアジュ）ために起き上がる。その名〝脂肪（アジュ）〟において」という言葉が唱えられる。つまり脂肪を捧げることで神が癒やされるという、古代エジプトの宗教儀式で頻繁にみられる、語呂合わせによる意味づけである。

これに続く祈禱文では、ウシの脚がホルスの仇敵セトの切断された前肢とみなされており、それを得てホルスが満足することが語られる。ちなみにウシの前脚は「ケペシュ」と呼ばれ、この言葉は「力」を意味する言葉と同音異義語である。神や死者がウシの脚を食べることで力を得るという、ここでも語呂合わせによる供物の意味づけがなされているのである。これらのことから、ホルスがセトに勝利する神話になぞらえた神の癒やしと力の回復のために、まず肉類が供されたと考えることができる。

ここまでですでに多くの食べ物・飲み物が神に捧げられてきたが、食事はまだ続く。神官は片腕を神のほうに差し出し「ゲンゲン容器のミルクふたつ。おおアメンよ、あなたの口があなたのために取るこれらのものを、あなた自身で取りたまえ」と、捧げるものの種類と数をひとつひとつ神に伝え、供物台に供物を置いていく。異なる種類の容器に入れられた水、ナトロン、パンやケーキ、さまざまな部位の牛肉、ミルク、ワインなどが神の前にならんだ。

神殿などの壁画をみると、神の前にうずたかく積み上げられた供物が描かれている。食事の儀式では実際にそうした光景がみられたのかもしれない。食べ物・飲み物の奉献がひととおり終わると、神を食事に誘う言葉が唱えられた。そして供物によって神に生命がもたらされたことが宣言され、神体は厨子に戻された。

儀式の終わり

厨子の扉が閉められて粘土の封印がつけられると、神官たちは供物をとり下げ退出の準備に入った。再度、香による清めがおこなわれ、至聖所から最後に退出する神官は、ヘデン草という植物でつくられらほうきを手に、「トトが来る、彼は彼の敵からホルスの眼を救った。この聖域に入る男あるいは女の敵はいない。プタハによって扉は閉じられ、トトによって扉は結ばれる。扉は閉じ、かんぬきで扉は固定される」と唱えて、後ずさりしながら床を掃き清めて退出した。

これは至聖所内に足跡を残さないようにするためだった。足跡が残っていると、それをたどって悪意ある存在が神に近づくと考えられたのである。至聖所の入口の扉が、日に三度の食事ごとに閉じられたのかどうかはわからない。だが少なくとも夕食の後には扉は閉じられ、至聖所のなかは闇に閉ざされたはずである。そして翌朝の起床の儀式まで、神は眠りにつくのだった。

4 庶民と神殿

前節では神殿でおこなわれた日々の儀式をみてきたが、神体が安置された神殿の至聖所は、少なくとも後期の神殿では王や高位の神官だけが入場を許された空間だった。先に述べたように、ウアブ神官でさえ、神の前に出るには身体の清らかさが不十分とみなされ、至聖所の手前までしか行くことができなかったのである。神殿の各所には入場の制限があり、場所によっては「四回の清め」など具体的な入場の条件が壁に刻まれていることもある。神官でさえこのような制限があったので、庶民が神殿にどこまで近づくことができたのかは、研究者のあいだでも長く議論がおこなわれている。

レキト鳥

新王国時代以降の神殿の内壁や柱の装飾には、タゲリという長い冠羽《かんう》をもつチドリ科の鳥がしばしば描かれている。タゲリはヒエログリフのひとつで「レキト」と読み、「臣民、平民」を意味していた。神殿の装飾や王の彫像の台座には、人間の両腕をもったレキト鳥が半円形のバスケットの上に乗り、崇拝のポーズをとっている姿がよくみられる。レキト鳥の前には星のヒエログリフが記されており、この図像の組み合わせ全体で「すべての（＝バスケット）臣民（＝レキト）が崇拝する（＝星）」と

図 2-14　レキト鳥
手のひらを相手にむけるポーズは敬意を意味する。（ハトシェプスト女王の赤祠堂、カルナク・アメン大神殿）

いう短文をなしている［図2-14］。

神殿の第一中庭にレキト鳥が描かれている場合、それは庶民の入場が許されていた証拠ではないかと考える研究者もいる。*22 レキト鳥は文字の読めない庶民に、入場可能な場所を伝えるサインだったという意見である。しかし、神殿の中庭が庶民に開放されていたという見方には懐疑的な研究者も少なくない。レキト鳥は第一中庭だけでなく、下位の神官の入場に制限があったさらに奥の空間にも描かれており、その存在だけで庶民の入場が許されていたと考える根拠は薄いからである。

では、神殿のレキト鳥はなにを意味しているのだろうか。古くから神殿の装飾には、神の恩恵を得た地上世界を表現する伝統があった。たとえば古王国時代・第五王朝に建設されたアブ・グラーブの太陽神殿では、吹き抜けの中庭の壁にナイル河流域の動植物を描くことで、エジプトの豊かさが表現されていた。これと同様の発想で、エジプト社会を構成する重要な要素である庶民が、レキト鳥の姿で象徴的にあらわされた可能性が考えられるのである。*23

またレキト鳥はエジプトの庶民だけではなく、エジプトに服従する外国人のシンボルとしても使われたという指摘がある。エジプトの神殿では、外国人が捕虜の姿で描写されていることもめずらしくない。外国人も世界の一部ではあるが、エジプトの秩序（マアト）を脅かす存在であり、それを王が打ち負かして秩序が守られているさまがしばしば表現されている。

このように神殿装飾にレキト鳥が描かれることの意味を掘り下げていくと、庶民の入場可能な場所を示すサインという見方はむずかしいことがみえてくる。レキト鳥は世界の構成要素としての庶民、あるいは外国人を表現しているという理解がより妥当だろう。

落書き

レキト鳥の図像が神殿に庶民が入場できたかどうかの証拠になりえないとすると、私たちにはどのような検討材料が残されているのだろうか。

人々がある場所にやって来たことを示す証拠のひとつは、いまもむかしも落書き（グラフィティ）である。古代エジプトの神殿や墓ではかなりの数の落書きをみることができる。こうした落書きは、なにか手がかりを与えてくれるだろうか。

古代エジプト人が神殿や墓に残した落書きは、訪問の記念として勝手気ままに記された近現代の落書きとはちがう。建物を飾る図像や銘文を損なわないよう慎重に空白部分を選び、自身や家族がいつまでも神や特定の人物に崇敬の念や親密さを伝えることができるように記されたと考えられるのである。*24

とはいえ、文字による落書きは、識字者でなければ残すことができない。したがってここで注目するのは、庶民が残した可能性がある図像だけの落書きということになる。こうした落書きには、神や人の姿、聖獣、祭具、聖舟、有益なシンボル（護符にもなっていたティト、ジェド柱など。第6章でとり上げる）といったものがある［図2-15］。儀式で目にした光景やそこで使われていたモノ、精神的なつながりをもちたいと願う対象を描いていることがうかがわれる。

だがこれらの落書きも、すんなりと庶民に結びつけられるわけではない。イギリスのエジプト学者E・フルードはカルナク神殿複合体やルクソール神殿に残る落書きを検証し、神官が使う通用口付近にとくに多いことから、落書きを残したのは神官や神殿のスタッフ（あるいはその依頼を受けた彫刻師）であるとしている。神官は神殿のなかで職務として儀式をおこなうが、それとは別に自身の信心や神への奉仕をアピールする特権をもっていた。神官によって奉納された多数の石碑が神殿から出土しているが、落書きも同様の意味をもっていたという解釈である。[*25] さらにフルードは、神殿は外壁付近でさえアクセスに制限があったと主張する。つまり神殿の壁に落書きを残すことができた人には、

図 2-15　神殿の落書き
中央下にライオン頭の女神、その右に台座に置かれた神輿が彫られている。左上の王と王妃の落書きは洗練されたもので、エリート層が残したものだろう。（カルナク・アメン大神殿第8塔門）

身分上の制限があったというのである。こうした見方は他の研究者の調査でも支持されている。[*26]

フルードらがとり上げている落書きはエジプトの図像表現のルールにしたがった整ったものであり、それらを残せたのが特権的な人々だったという意見に異論はない。ただ神殿域には、それらとは明瞭に異なるつたない表現の落書きも存在している。こうした落書きは通用口付近に集中するわけではなく、吹き抜けの中庭などに不規則に刻まれている。

カルナクのアメン大神殿の落書きの分布をみると、神殿本体には外壁の一部をのぞいて落書きがほとんどなく、神殿の南側にある第七・第八塔門とその中庭に集中していることがわかる［図2-16］。これら南側の塔門区域は、「オペト祭」でテーベの三柱神（アメン、ムウト、コンス）の行列が通るルートであり、祭りの期間には庶民にも開放されていたことがうかがわれる（神殿の開放については、第3章「祝祭と神託」でみていく）。落書きのつたなさを、残した人の身分と短絡的に結びつけるのは危険だが、南側の塔門と中庭の落書きが庶民によって残された可能性は排除できない。

巡礼者の溝

神殿の壁や柱には、落書きとはちがう不思議な痕跡も残されている。まるでその部分だけが長く風雨にさらされていたかのような、なめらかな「くぼみ」がいくつもならんでいるのがときおり目につくのである［図2-17］。

これは研究者が「巡礼者の溝（pilgrim's gouge）」と通称している痕跡で、来訪者がお守りか呪術に使

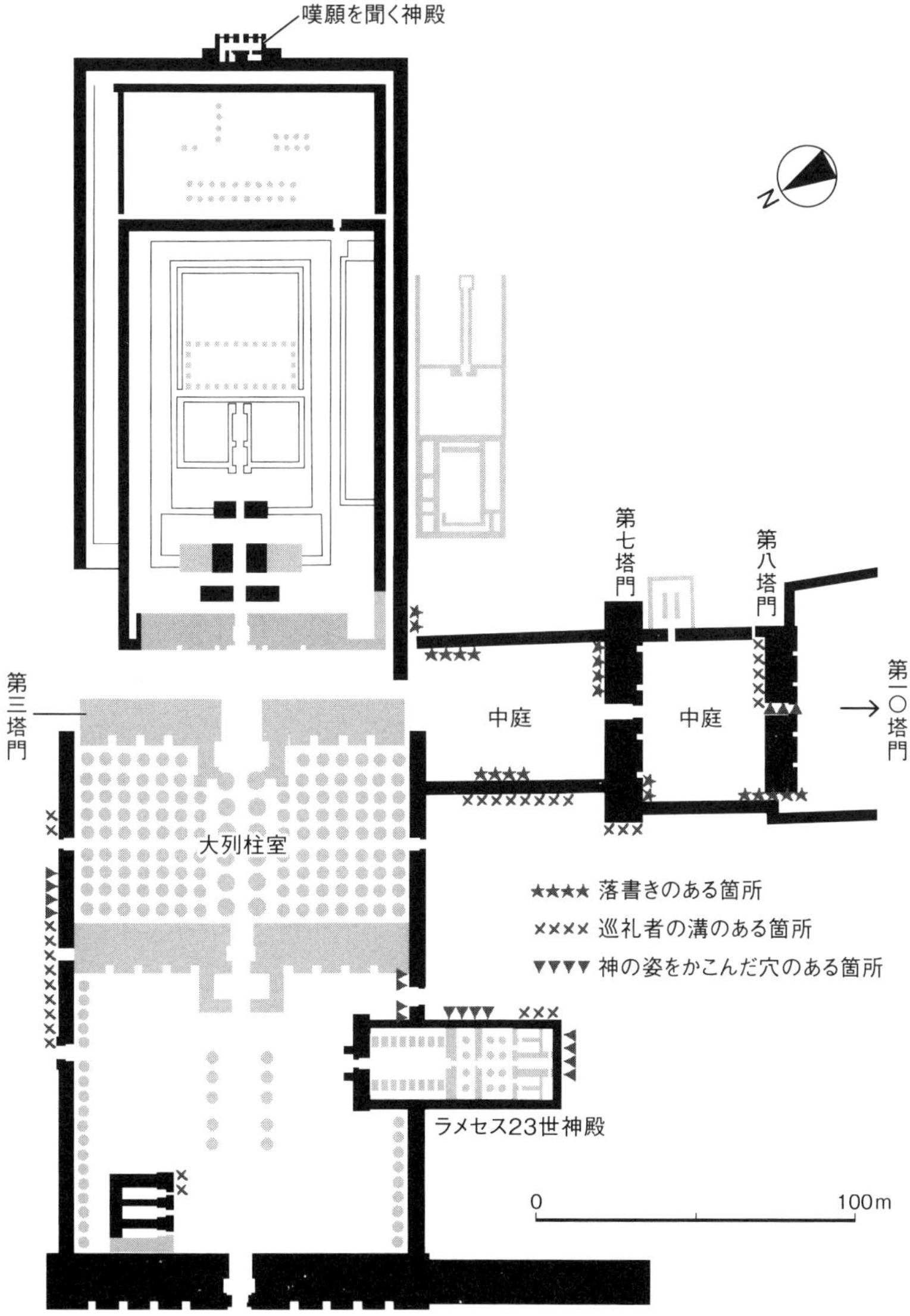

図 2–16　カルナク・アメン大神殿における落書き、巡礼者の溝、神をかこむ穴の分布

うために、壁の一部を削りとった痕だと考えられている。コプトスのミン神の巨像［図1–4参照］にも似たようなくぼみが複数あることから、古代エジプト人が古くからこのような行為をしていたことがわかる。

石を削ることに特別な技術は必要なく、庶民を含む幅広い人々が残しうる痕跡である。ただ識字者の場合は、自身の存在と信心を神の近くに残すために、銘文を記す場合が多い。神殿や像の一部を削りとって持ち帰るという行為には、エリート層の宗教観とは異なる様相がみえ、庶民によって残されたものである可能性が考えられる。

巡礼者の溝を歴史資料として検討する場合には、ふたつの問題点がある。ひとつは、この行為が王朝時代からの伝統であることは確かな一方で、どの時代に削られたのかは必ずしも明確でないことである。巡礼者の溝にはエジプト文明終焉後のものも多数含まれているとされ、時代が移り宗教が変わっても民間信仰のなかで古代の記念物が一定の役割を果たしていた可能性が指摘されている。[*27] そのためこの痕跡から、神殿へのアクセスが建立当初から可能だったのか、それとも時代によって変化したのかといったことを知るのはむずかしい。

図2–17　テーベの3柱神と巡礼者の溝
（カルナク・アメン大神殿、ラメセス3世神殿）

もうひとつの問題点は、そもそも神殿の一部を削るという行為が王朝時代に許されたのかということである。これについては、コプトスのミン神像の例から、役目を終えた像などを削ることは容認されていたと考えることができる。カルナクのアメン大神殿で巡礼者の溝がみられる場所を観察していくと、その多くが神殿外壁に分布していることがわかる［図2-16参照］。それも外壁全体にあるのではなく、一定の範囲に集中していることがみてとれる。すべての巡礼者の溝が神殿機能の停止後の時代に属するのであれば、分布はもっと広範囲に広がっていてもおかしくない。

アメン大神殿での傾向は溝の多くが王朝時代のもので、神殿から許された場所で壁に傷がつけられていたことを示しているのではないだろうか。また壁のどの場所が削られているかを観察すると、落書きと同様に本来の図像・銘文を避け、なおかつ神の図像の近くを削りとっている傾向がみえる。神の姿をそこなわず、しかし神に近い場所のほうがご利益がある、という感覚があったことがうかがわれる。

おそらく王朝時代の壁を削る行為は神殿のスタッフの監視下でおこなわれたか、あるいはスタッフ自身が壁を削り、石の破片や粉を参拝者に渡していたのではないだろうか。巡礼者の溝は神殿によって容認された民間信仰であり、祝祭など特別な日に庶民がアクセスできた場所と推測することができる。

聞く神殿

カルナクのアメン大神殿の東側、同神殿の裏手にあたる場所は、新王国時代・第一八王朝には「聞く場（セジェム）」と名づけられていた。[28] ここは大神殿本体の外側に位置していてアクセスに制限がなく、幅広い身分の人々が祈りを捧げることのできる場所になっていたとみられる。

トトメス三世と四世はここに祠堂を建立し、トトメス四世の祠堂はラメセス二世の治世に増改築されて「セジェム・ネヘト（嘆願を聞く）」という名前の小神殿になった［図2-18］。[29] 参拝者の声を聞くのはアメン神やラメセス・メリアメン（神格化されたラメセス二世）で、王が仲介役となって神に願いが届けられるという体裁がとられていたことがわかる。プトレマイオス朝に至るまで王の庇護のもとにあったこの神殿は、テーベ東岸における民衆信仰の焦点のひとつだったと考えられている。

図2-18 カルナクの「嘆願を聞く神殿」
外壁にオシリス姿のラメセス２世像がならび、神殿前には供物台が置かれている。

カルナクの「嘆願を聞く神殿」と同様の施設は、メンフィスのプタハ神殿にも存在していた可能性がある。遺構は現存していないが、第一八王朝時代に奉納された多数の碑板が、ラメセス二世治世下に建設されたプタハ神殿西ホールの床下から出土しており、付近に先行する時代の建物が存在していたことを示している。これらの碑板は「嘆願を聞く」プタハ神に捧げられており、この神がカルナクのアメン神と同様の役割を果たしていたことがうかがわれる。古代エジプトの民衆信仰を研究した

A・I・サデクは、奉納碑板の出土位置から、メンフィスの「嘆願を聞く神殿」がカルナクのものと同様に、主神殿と背中合わせに建てられていたと推測している。*30

背中合わせの小神殿や祠堂は、デンデラのハトホル神殿やコーム・オンボのセベク・ホルウル神殿などにもあり、ヘレニズム・ローマ時代には神殿の施設としてかなり広く採用されていたことがわかる。*31 背中合わせの小神殿の詳細な役割にはなお検討の余地があるものの、幅広い参拝者を受け入れることを想定した施設という見方は、多くの研究者に受け入れられている。

耳の碑板

新王国時代にメンフィスのプタハ神に捧げられた碑板には、人間の耳を刻んだ通称「耳の碑板」が多く含まれている。この種の碑板には、片耳あるいは一対の耳が刻まれ、なかには数十もの耳がならんでいる例もある［図2–19］。奉納者の姿や対象となる神の名前が記されることもあるが、多くは耳だけが刻まれている印象的な奉納物である。銘文が記されたいくつかの事例から、

図 2–19　耳の碑版
中央に「祈りを聞くネベトヘテプ女神、天空の女主」と刻まれている。（ディール・アル＝マディーナ出土、第 19 王朝、石灰岩製、高さ 17.5 cm）

碑板に表現されているのは神の耳で、神が嘆願を聞き届けてくれるようにという願いを込めて製作されたものであることがわかる。[*32] 銘文が記されることが少ないのは、奉納の際に口頭で願いが神に伝えられたからだろう。

耳の碑板はメンフィス地域だけでなく、東デルタのカンティールやテーベ西岸などでも出土している。銘文が記されても定型的なため嘆願の内容はわからないことが多いが、「嘆願を聞く」神が祀られた場所で広く使われた奉納物だったと考えられる。

外壁の神々

主神殿の外壁や門などに彫られた神の姿が、庶民の祈りの対象になった可能性もある。マディーナト・ハブのラメセス三世葬祭殿の入口である「高門」に刻まれたプタハ神は、その一例と考えられている［図2-20］。[*33] プタハ神は通常、頭にぴったりした帽子を被ったミイラ姿で表現される。高門のプタハ神の帽子とつけ髭は深く彫りくぼめられており、往時は別につくられた象嵌、おそらくファイアンス製（石灰の粉を固めた生地にガラス質の釉薬をかけた焼物）のタイルがはめ込まれていたと推測されている。

目や体の一部が彫りくぼめられた神の図像は、ほかの神殿でも確認されている。ある神の図像が祈りの対象に選ばれると、その図像を差別化するために費用のかかる素材をはめ込み飾り立てたのだと、アメリカのエジプト学者P・ブランドは推測している。[*34]

高門のプタハ神に象嵌を施す決定が、いつなされたのかはわからない。ただこのプタハ神像は「嘆願を聞く者」という形容辞をともなっており、高門の建設過程でここに庶民のための祈りの対象を置くことが計画された可能性がある。マディーナト・ハブからはプタハ神に捧げられた耳の碑板なども出土しており、この神殿付近でプタハ神に対する嘆願がおこなわれていたことは確かといえる。

高門のプタハ神の興味深い点は象嵌だけではない。図像の周囲をみると、四角形の穴が等間隔で穿たれていることに気がつく。ブランドは、この穴は壁に木造の祠堂がとりつけられていたか、あるいは木枠がはめ込まれ布がかけられていた痕だと推測している。神の姿をかこむひとつづきの穴は、カルナク神殿複合体などでも確認されており〔図2-21〕、事例のほとんどは外壁か門の周辺に位置しているという。*35

こうした穴が崇拝対象になっていた神の姿を覆うために開けられたという意見は、確かに魅力的なものである。神の姿を隠すことは神輿に乗せられた神像でもおこなわれる場合があった。その理由は必ずしも明らかでないが、邪視（悪意の視線）から守るという発想があったとも考えられる。覆いの存在は遠目からでも神殿の壁に特別な神の姿があることを伝える仕かけであり、神殿の外観が

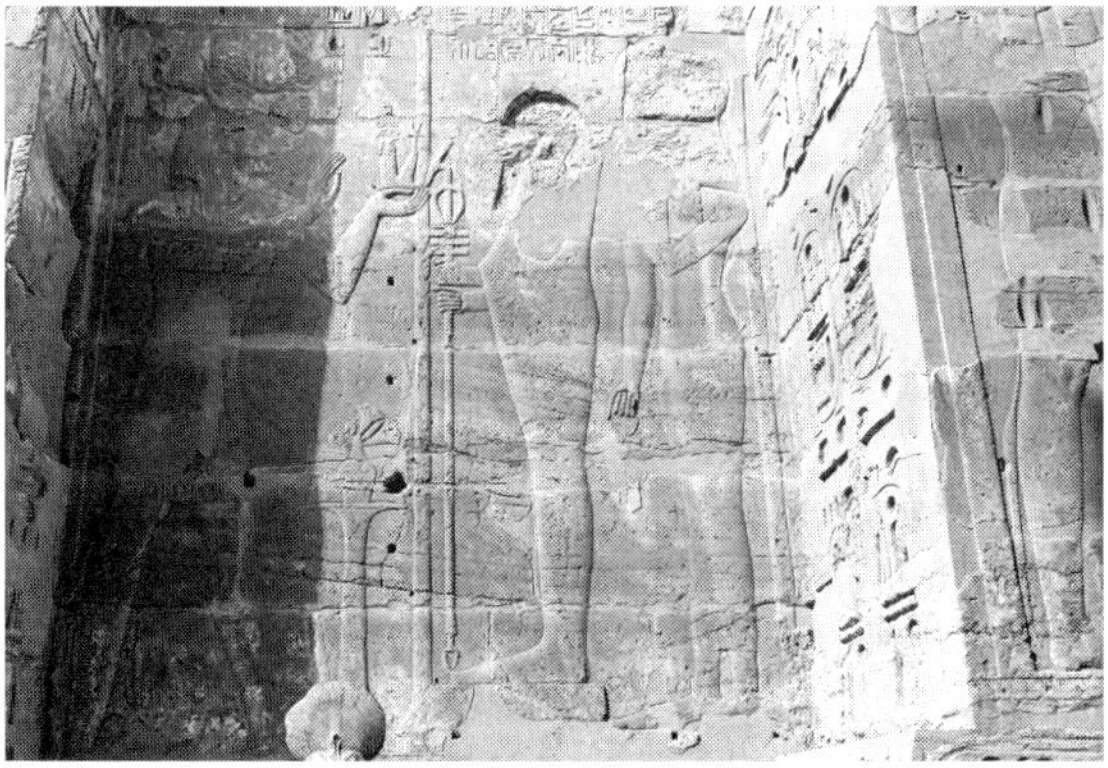

図 2-20　「嘆願を聞く」プタハ神
丸い頭部とつけ鬚が深く掘りくぼめられているのがわかる。（マディーナト・ハブ、ラメセス３世葬祭殿）

私たちの想像よりもにぎやかなものだったことをうかがわせる。

ただし、神の周囲の穴がいつ開けられたのかは不明だし、覆屋や布がかけられていたという解釈にも直接の証拠があるわけではない。カルナクではプトレマイオス朝時代に建立された神殿の壁にも穴があいているので、この種の施工はヘレニズム・ローマ時代になってからおこなわれた可能性も考えられる。

E・フルードは神の図像は覆われていたのではなく、穴には木材や布などでできた飾りが差し込まれていて、それも祝祭など特定の時期に限ってのことだろうと述べている。[*36] 事実、穴の配置が三角形になっているなど、木枠を想定するのがむずかしい例もある。外壁の神々のまわりを飾り立てることは、ヘレニズム・ローマ時代にはじまったのかもしれない。ただそれより前から特定の神の姿が特別視され、象嵌や彩色でその存在が際立つような工夫がおこなわれていたのはおそらくまちがいないだろう。

図 2-21　神の図像をかこむ穴
トト神（右）とネクベト女神（左）のまわりにひとつづきの穴が穿たれている。（カルナク・アメン大神殿）

＊

神殿のあまり目立たない部分に目をむけると、主神殿に入場できない人々の祈りに結びつくと考えられる、さまざまな痕跡が残されていることがみえてくる。痕跡は王やエリート層によっておこなわれたものと、非エリート層の参拝者自身によって残されたものの両方を含んでいるようだ。庶民の神殿へのアクセスは確かに制限されていたが、制限の度合いは個々の神殿の性格や各時代の社会状況によって異なっていたようで、ひとくくりにはできない。それでも支配者層が庶民に配慮し、庶民による神殿周辺での行為を容認していたことを物語っている点で、これらの痕跡は興味深いものになっている。

5 仲介者の像

古代エジプトにおいて彫像は、表現されている神や人物の分身の役割を果たすと考えられた。中王国時代になると王の許しを得たエリート層が自身の彫像を神殿に安置するようになるが、そこには永続的に神への信心を示すという敬虔な想いだけでなく、自身の死後の存続に有利であるという理由があった。これは神殿で神に捧げられた供物が儀式のあととり下げられ、神殿内に安置された王や私人の彫像に下賜されていたためである。つまり神殿での儀式が続くかぎり自身への供養が保証されるのであり、儀式の継続性は個人の墓よりも神殿のほうがはるかに確実だったのである。

神殿に安置された私人像のなかには、死後の存続の手段としてより有効に活用しようという意図がうかがわれるものがある。それがここで紹介する「仲介者の像」である。仲介者の像は神殿を訪れる人々の目にふれる場所に置かれ、祈りと供物を要求する見返りに神と参拝者の仲立ちを約束するものだった。たとえばカルナクのアメン大神殿の南側入口である第一〇塔門では、アメンヘテプ三世の寵臣「ハプの子」アメンヘテプと、ホルエムヘブの宰相パラメセス（のちのラメセス一世）を書記として表現した座像がそれぞれ二体ずつ出土しており、これらは仲介者の役割を担うものだったと考えられている。アメンヘテプの座像［図2-22］の一体には、つぎのような銘文が記されている。

おお、上エジプトと下エジプト、日輪をみるすべての眼よ。神々の王に嘆願をおこなうため、河を下り、河を上り、テーベに来る者たちよ、私のもとへ来たれ。私はあなたたちがイペト・スウトのアメン神に語ることを報告するであろう。私に「王が捧げし供物（ヘテプ・ディ・ネスウト）」を唱えよ。あなたたちの手にあるもので私に献水を捧げよ。私は陛下によって両岸の出来事を伝えるため嘆願の言葉を聞くべく任命された報告者。*37

図2-22 「ハプの子」アメンヘテプの座像
膝上の巻物の文字が摩滅しており、多くの参拝者がさわっていたことがうかがわれる。（カルナク出土、第18王朝、花崗岩製、高さ117cm）

イペト・スウトはカルナク神殿複合体の古代名で、この彫像が嘆願を聞く役割をもち、王命によってカルナクに安置されたものであることが明記されている。この像が耳を傾けるのは、エジプト中からテーベにやって来るすべての人々である。もう一体のアメンヘテプの像にも類似の銘文が記されており、そちらでは人々全般を意味する「レメチュ」という語が使われている。したがってこの像に神への仲介を頼む人々として、庶民も想定されていたと考えることができる。

ここで問題になるのはこれらの像の配置である。アメンヘテプとパラメセスの彫像は、第一〇塔門の内側に立つアメンヘテプ三世像の足元にならんだ状態で発見された［図2–23］。ただしこの塔門は、アメンヘテプ三世が建設に着手したものの、完成は六〇年以上たったセティ一世かラメセス二世の治世下と考えられている。そうすると、これらの像は未完成の塔門脇に長期間置かれていたことになるが、そのような配置がありえたのかは疑問である。またこの場所がもともとの安置場所だったとすると、庶民を含む嘆願者たちが塔門の内側に入場できたことになるが、これについては祝祭の期間中に特別に許されていた可能性がある。

彫像の配置については、もともとはアメンヘテプ三世が完成させた第三塔門付近に安置

図 2–23　アメンヘテプとパラメセスの座像の出土状況

されていて、第三塔門前にセティ一世が大列柱室を建設した際に移動されたという意見がある。第三塔門はアメンヘテプ三世時代のアメン大神殿におけるもっとも外側の塔門で、この塔門の内側からも「ハプの子」アメンヘテプの別の像が出土しており、これも銘文から仲介者の像だったことがわかる。等身大の石像はかなりの重量物だが、神殿内のスペースを確保するために古い記念物を移動することはめずらしくなく、カルナクやルクソール神殿では撤去された膨大な数の石像や石碑を収めた大規模な埋納坑が発見されている。そのため彫像の現在の位置が本来の安置場所だったと判断するには、相応の検証が必要になる。

仲介者の像の場合、人々との接触を想定した記念物だったので、神殿の入口付近に置かれることが多かったと考えられる。そして仲介者の像自体が神殿儀礼から恩恵を得る存在だったことからすると、神殿の域内である塔門の内側に配置されることは理に適っているのではないだろうか。少なくとも第一〇塔門の完成後、ハプの子アメンヘテプの像がアメンヘテプ三世像の足元に置かれ、そこで人々の嘆願に耳を傾けていた可能性は高いといえる。

第3章
神と人々の交流——祝祭と聖地

1　祝祭と神託

庶民と祝祭

各地の神殿には祀られている神ごとにさまざまな宗教行事があり、なかでも神体が神殿の外を練り歩く祝祭は神殿儀礼のハイライトといえるものだった。

祝祭で神が神殿を離れるのは、力を回復するために特定の場所を訪れる必要があると考えられたからである。神の力の回復は、エジプト世界の秩序（マアト）を維持するのに不可欠であり、祝祭は国家祭祀の一部を担う大切な行事だった。

だが祝祭は、国家の安定のために重要だっただけではない。幅広い身分の人々が神の恩恵を感じることができる数少ない公的な宗教行事として、エジプト社会全体にとって大切なイベントだったのである。

テーベ西岸のディール・アル＝マディーナにある職人カベクネトの墓（TT2）には、彼の家族がカルナクのムウト神殿の塔門に登り、歌と楽器の演奏で女神の祝祭を祝っている様子が描かれている。[*1] カベクネトは王墓の造営にたずさわる職人で、農民のような庶民と同等の身分とみることはできない。だが彼の墓の描写が現実の出来事を下地にしていたとすれば、少なくとも祝祭のような特別な機会には、神官以外の人々がカルナクの神殿の塔門や中庭に入場できたことになる。神殿関係者以外の人々が仲介者の像に嘆願のとりつぎを願ったり、神殿の壁を削って巡礼者の溝をつくったり、あるいは落書きを残したりしたのは、こういう機会だったと考えられる。

カベクネト墓の祝祭の場面には、神殿のなかにビール壺がならんだ仮小屋が建っている様子も描かれている。アルコールの大量消費は、「ラーの眼」とされた女神（ハトホル、セクメト、ムウトなど）の祝祭では欠かせない要素だったことが知られている。ここで思い出されるのは、ヘロドトスが描写するブバスティス（テル・バスタ）での祝祭の様子である。

ブバスティスの町に参集する時の模様はこうである。男女一緒に船で出かけるのであるが、どの艀《はしけ》も男女多数が乗り組む。カスタネットを手にもって鳴らす女がいるかと思えば、男の中には船旅の間中笛を吹いているものもある。残りの男女は歌をうたい手を叩いて拍子をとる。（中略）さていよいよブバスティスの町に着くと、盛大に生贄を捧げて祭りを祝い、この祭りで消費する葡萄酒の量は、一年の残りの期間に使う全消費量を上廻るのである。*2

東デルタに位置するブバスティス（古代名バセト）はバステト女神の聖地だった。バステトはネコを聖獣とする女神として知られるが、古くはセクメト女神と同様にライオン頭で表現され、「ラーの眼」の形容辞も帯びていた。したがってこの女神の祝祭も、歌舞やアルコールが登場するハトホル的性格をもっていたということになる。

ブバスティスの祝祭には成人だけで七〇万人が集まるという話をヘロドトスは伝えている。この人数はいささか多すぎて額面どおりに受け取ることはできないが、子どもから老人まで大勢の庶民が祭りに参加していたのは確かだろう。上エジプトのデンデラ（古代名イウネト）とエドフ（古代名べヘデト）を舞台に、ハトホル女神とホルス神の再会を祝う「再会の祭」でも、夜通しどんちゃん騒ぎがくり広げられていたことが知られている。

地域の主神殿で盛大におこなわれた祝祭には、少なくとも新王国時代以降、庶民の参加が許される部分があったと考えられる。こうした機会が地域の神と人々、あるいは人々同士の結びつきを深めることに役立っていたのはまちがいない。

テーベの「オペト祭」と神託

庶民にとって祝祭は、盛大なイベントに参加する以外の意味もあった。ふだんは神殿の奥深くに鎮座する神に接することができる貴重な機会だったのである。

古代エジプトの一年は「増水季（アケト）」「播種季（ペレト）」「収穫季（シェムウ）」という三つの季節からなっていた。最初の季節である増水季の二月中旬から三月中旬（現在の九月初旬から一〇月初旬）にかけてテーベでおこなわれていた「オペト祭」では、ウアブ神官たちが担ぐ神輿がテーベの三柱神（アメン、ムウト、コンス）の神体を乗せて、カルナク神殿複合体とルクソール神殿をつなぐ約二キロメートルの参道をねり歩いた［図3-1］。テーベ地域の神学では、ルクソール神殿（古代名イペト・レシト）は世界のはじまりの場所とされており、毎年ここを訪れることで、アメン神は神々の王としての力を回復すると考えられた。神輿はヒョウ（あるいはチーター）の毛皮をまとった大神官によって先導され、「扇持ち」が神輿に差す日光をさえぎり、「香炉持ち」が香りで周囲を清めながら歩みを進めた。行列には男女の楽士たちや踊り子たちも加わっており、にぎやかな音楽とアクロバティックなダンスが彩りをそえていた。

この行列は一般に公開された行事だったので、沿道には多くの見物人が集まったはずである。神体

図 3-1　ムウト女神の神輿
舟形の神輿を神官たちが担いでいる。神体は布で覆われた中央の厨子に安置され、その前後に半円形の日除けがとりつけられている。（テーベ西岸、ラメセウム）

は神輿の中央に設けられた厨子に安置され、この厨子はすっぽりと布で覆われていた。そのため、沿道の人々が神体を直接目にすることはなかっただろう。それでもこの行列は、庶民がアメン神に直接うかがいを立てて神託を授かることができる特別な機会になっていた。

オペト祭における神託は祭りの後半（増水季三月）におこなわれており、これは神体がルクソール神殿からカルナク神殿にもどる際の行事だったことを示している。神託はルクソール神殿で力を回復したアメン神から得るものであると考えられていたことがうかがわれる。[*3]

オペト祭の行列における神託の詳細はあまりはっきりしないが、同じテーベの西岸でおこなわれていた、神格化されたアメンヘテプ一世による神託の描写が手がかりを与えてくれる。たとえばつぎのような史料がある。

治世二七年、収穫季一月一九日。この日、職人カエムワセトはアメンヘテプ王（生命！繁栄！健康！）に報告した。いわく「私のもとに（来たれ）我が主人よ。私と職人ネフェルヘテプのあいだを裁きたまえ。偉大な原（＝王家の谷）にある、我が（祖）父バキの小屋は、セクメトネフェルトの分け前のためにとられるべきでしょうか？　おお、我が偉大なるシュウよ」。そして神は強く後ろに動いた。そこで彼（＝神）に問いかけがなされた。「カエムワセトにそれを与えるべきでしょうか」と。そして神は力強くうなずいた。職長コンス、職長インヘルカウ、すべての担ぎ手がいる場で。（後略）[*4]

テーベ西岸におけるアメンヘテプ一世の祝祭は播種季三月におこなわれていたので、この神託が下されたのは祝祭とは別の機会だった可能性があるが、神の意思が神輿の動きによって示されている点はオペト祭の神託と共通している［図3−2］。この史料では最初の問いでアメンヘテプ一世の神輿は後ろに動いている。これは神が問いを否定したと理解された。最初の問いが発せられた背景にはバキの小屋をめぐる所有権争いがあり、職人ネフェルヘテプあるいはその縁者と思しきセクメトネフェルトという女性が権利を主張していた様子がうかがわれる。その主張をアメンヘテプ一世は退けたのである。

なお他の史料をみると、このような問いを発する際には各候補者の名前を別々の石片に書いてならべたり、当事者たち自身にならんでもらい、神に選んでもらう（該当者の前で神輿が止まる）というやり方もおこなわれていた。*5

図 3–2　神格化されたアメンヘテプ 1 世の行列
神官役の職人たちが神輿を担いでいる（テーベ西岸、2 号墓・カベクネトの墓）

ひとつめの問いに望んだような回答を得たので、職人カエムワセトは所有権争いを決着させるべく「自分が小屋を得るべきか」というふたつめの問いかけをおこなった。その問いに対して、神が「うなずいた（肯定した）」と記されている。これは神輿が前に進んだり、まるでうなずくように前後に揺れたことを示している。実態はどうであれ、こうした神輿の動きは担ぎ手たちによって演出されるのではなく、神のみえざる力によって引き起こされると考えられた。

オペト祭のような国家祭祀は宗教儀式全体の規範となるものなので、アメンヘテプ一世に対する嘆願の作法や神の反応は、オペト祭のそれを踏襲していたはずである。オペト祭で神託を希望する人は、神の行列に対してなんらかの意思表示をし、大神官から嘆願の許しを得たのだろう。そして自身の質問を述べ、それを神官が口頭で神に伝達し、判断を仰ぐという手順だったと考えられる。

衆人環視のなかで示される神託は、ある程度の正当性や強制力をもつものでもあった。それは先の史料で二人の職長（職人組織のトップ）と神輿の担ぎ手たちが、わざわざ「証人」として明記されていることからもうかがえる。神託に不服だった被告が神の言葉にしたがわなかったために、承服させるまで三度も神託がやり直された例もあるので、[*6]神の回答が絶対ではなかったようだが、神託が社会の問題解決の手段として一定の役割を果たしていたのは確かだろう。

神託の広がり

古代エジプトの神々が神託を下していたことを示すはっきりした史料は、新王国時代：第一八王朝のハトシェプスト女王治世下にテーベでみられるものが最古とされる。

ディール・アル＝バハリにある女王の葬祭殿には、女王がアメン・ラー神から「プントへの道を探し、没薬の台地への道を開き、水上と陸上を軍隊を率いて神の国からこの神に驚嘆すべきものをもたらせ」という言葉をえて、プント（現在のエリトリア国の紅海沿岸部とされる）との交易をおこなったことが記されている。

このように第一八王朝に年代づけられる神託は、すべて王の活動（神殿建設や国外遠征）について神にうかがいを立てる内容で、第一九王朝以降の個人が私的な問題を投げかけるものとは異なる性格をもっていた。[*7]

新王国時代：第一九王朝以降になると、コプトスのイシス女神、南アビドスの神格化されたイアフメス一世（第一八王朝の開祖）、中エジプトのアル＝ヒーバの「野営地のホルス」神など、神託を下す神がテーベ以外にもみられるようになり、神託という行為が拡散していったことがわかる。

神託を下す神々の彫像は、神輿に乗せられたり竿の上にとりつけられて請願者の前にあらわれた。壁画の描写をみるかぎり、アメンヘテプ一世の神体は布で覆われておらず［図3−2参照］、人々はその姿を目にすることができたようだ。他地域でも神体は隠されている場合とそうでない場合があり、神の性質や地域の伝統によって神託の様子も異なっていたことがうかがえる。[*8]

神託はもともと王にだけ許された特権であり、それが時代とともに王以外の人々にも開放されていったのだろうか。イギリスのエジプト学者J・ベインズは神にうかがいを立てるという行為自体は、もっと古くからおこなわれていた可能性を指摘している。

ベインズは、古王国時代や中王国時代のエリート層が自身の特権や行動の正当性を主張するために用いた、「神によって導かれた」あるいは「神によって選ばれた」という表現に着目し、その背景に神託の存在があったのではないかと推測している。[*9]

ディール・アル＝マディーナの職人集落からは、「出かけるべきでしょうか？」「それを燃やすべきでしょうか？」といった、非常に簡単な神への質問が記されたオストラコン（文字や絵が記された土器片・石片）がいくつも出土している。[*10] 内容が短文すぎて個々の質問の背景を知ることはむずかしいが、このように素朴な質問がおこなわれるくらい、この集落では神にうかがいを立てる行為が日常の一部になっていたことがみてとれる。文字史料のかたちで残っていなくとも、こうした感覚がより古い時代から広く共有されていたことは十分に考えられる。

眠りと神託

個人が神からのメッセージを受け取る手段は、日常生活のなかにも存在していた。それは夢で神の意志を知るという方法である。古代エジプト人は、夢は自分の意志でみるのではなく、神やアクといった超越的存在によってみせられるもので、それゆえなんらかのメッセージが込められていると考えた。[*11]

新王国時代・第一九王朝に年代づけられる『チェスター・ビーティ3・パピルス』は、現存するエジプト最古の夢判断の史料で、夢の吉凶が一覧表の体裁でまとめられている。上下いっぱいに縦書きで「もし男が夢のなかで彼自身をみたなら」と大きく書かれたとなりに、横書きで「○○をしている」と夢のなかでの行為が書かれ、その横にその吉凶と、行為の意味や起こりうることが解説されている。たとえばつぎのような内容である。

もし男が夢のなかでロバの肉を食べる彼自身をみたなら…吉なり。それは彼が偉大になることを意味する。

もし男が夢のなかで深い井戸をみている彼自身をみたなら…不吉なり。それは彼が牢獄に入れられることを意味する。[*12]

ロバは古代エジプトで「アア」と呼ばれ、偉大になる（出世する）は「スアア」という言葉だった。したがってひとつめの夢では、語呂合わせによる解釈が示されていることがわかる。ふたつめの夢では、みたイメージを直接的に解釈したことがうかがわれ、私たちにも比較的理解しやすい。しかし、イメージによる解釈でも、「喪に服している自分」の夢が吉夢と判断されているなど、私たちとは異なる感覚があったこともわかる。ちなみに「喪に服している自分」は、親族の死によって財産が増えることを吉としたのだろうと解釈されている。

神やアクがみせる夢は、不吉夢であっても危険を知らせてくれるという意味では有益であり、魔物や悪霊がみせる悪夢とは区別されていた。悪夢は人を害するものだったので、防御する呪術がよく用いられていた。この呪術については、第6章で述べることにする。

夢によって神の意志を知るという発想から、神殿や聖地で夜を過ごして神託を得ることがヘレニズム・ローマ時代にさかんになった。こうした行為が王朝時代にもおこなわれていた証拠はほとんどないが、ディール・アル＝マディーナの職人ケンヘルケペシェフはハトホル女神の聖域で夜を過ごしたことを述べている（第4章2の「ハトホルの滝壺」参照）。また夢によって嘆願の結果を知るという考え自体は、中王国時代の「死者への手紙」にすでに認められる。祝祭で神殿や聖地へのアクセスが許されたとすれば、神殿での「眠り」によって神託を得る行為が比較的早くからおこなわれていた可能性もあるだろう。

2　アビドスの聖地と祝祭

オシリス神の墓

テーベの祝祭のように神託が下されるわけではないが、古代エジプト人にとって別の意味で重要だったのが、上エジプトのアビドス（古代名アブジュ）で増水季一月一七・一八日におこなわれた「ウアグ祭」だった。

ウアグ祭の主役であるオシリス神は冥界の王で、死者の再生をつかさどる存在だった。そのため、オシリス神への信心を示して来世の保証を得るという考えが、古代エジプト社会には広くみられた。ウアグ祭ではオシリスの神体が神殿から担ぎ出されたので、人々が神のご利益を得る絶好の機会になっていたのである。

ウアグ祭の舞台となったのは、現在、ウンム・アル＝カアブの名で知られる古い王墓地だった［図3

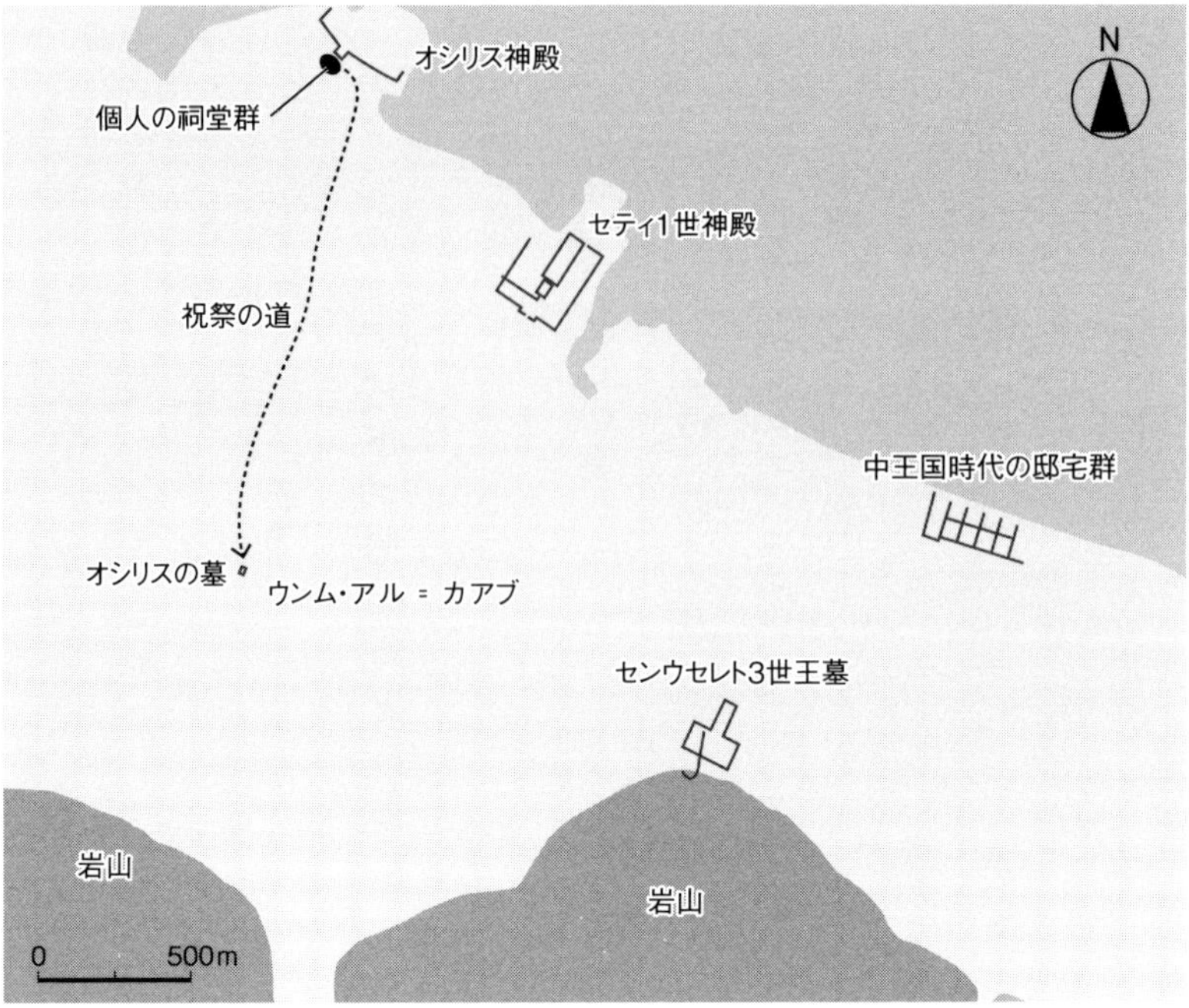

図3-3　アビドス遺跡図

-3］。ここは上下エジプト王国が統一される前からアビドス周辺に成立した小王国の王墓地で、初期王朝時代のあいだも統一王国の王墓地として引きつづき使われた。

ウンム・アル＝カアブが王墓地として使われつづけた理由のひとつは、この場所の自然景観が古代エジプト人のお眼鏡に適ったからである。ウンム・アル＝カアブは砂漠のなかに位置しており、耕地側から眺めると、その背後にふたつの岩山が形成する谷間がみえる［図3-4］。この景観はアケト（地平線）のイメージに合致するものである。アケトは太陽があらわれ、あるいは没する場所であり、生と死に結びついた重要な景観だった。ウンム・アル＝カアブはナイル河西岸に位置しているので、奥にみえる谷間は死者の住む冥界につながっている場所とも考えられた。したがって、その入口に墓地を置くことは、彼らの理に適ったことだったのである。
中王国時代にはオシリス信仰の隆盛にともない、神話でオシリス神が埋葬された場所とされた「ポケル」がアビドスにあると考えられるようになった。オシリスの墓を確認するための探索が国によって計画され、実際の探索場所になったのがウンム・アル＝カアブだった。神話でオシリスは弟神のセトに殺害されるまで地上の王を務めており、大昔の王墓地（中王国時代：第一二王朝の時点ですでに八〇〇年ほどが経過している）にその墓があると考えられたのは自然なことだったのだろう。[*13]
ウンム・アル＝カアブではいくつかの王墓が掘り返され、その結果、第一王朝のジェル王の墓がオシリスのものと認定された。この認定にどのような根拠があったのかは判然としないが、根拠のひとつとして推測できるのは、この墓がウンム・アル＝カアブにある王墓のなかでいちばん多くの陪葬墓にとりかこまれているということである。つまり、多くの家臣の墓にとりかこまれている＝もっとも重要な王の墓＝オシリスの墓、という認識につながった可能性である。
ジェル王墓はオシリス神の墓として機能するように手が加え

図 3-4　アビドスの砂漠の景観

られた。地下の埋葬室は整理され、残っていたジェル王の副葬品は部屋の片隅に寄せられた。すでに地上の構造物（おそらくマスタバ墓の形態をしていた）は失われていたので、木造の屋根が埋葬室にかけられ、埋葬室に降りていくための階段も新設された。第一三王朝には、ケンジェル王がオシリスの復活の場面を描写した石像（ベッドに横たわるオシリス神とトビの姿のイシス女神を表現した群像）を埋葬室に安置した。[*14] これは『オシリス神話』の重要場面であり、ウアグ祭で実際に使用された彫像だったと考えられている。

オシリス神の祝祭、ウアグ祭

さて、オシリスの墓所に定められたアビドスは、死後の再生を願う人々がこの神への信心を示す場として広く人気を集めるようになった。

ウアグ祭では、神話のエピソードに人々が関与できる機会となった、オシリス神が死と再生をへて力を回復する宗教劇がおこなわれた。ウアグ祭に参加してご利益を得たい古代エジプト人の願望は、「アビドス式文」と呼ばれる祈禱文の一節「彼がポケルへの神の渡りに際して、大いなる神と共にありますように。墓地の祝祭のあいだ、その旅においてネシェメト舟（オシリス神の聖舟）につきしたがいますように」[*15] によくあらわれている。

ウアグ祭では、まずオシリス神殿の神体を神輿に乗せてオシリスの墓にむかう行列が組まれた。墓にむかう途上では、オシリス神を殺害したセト神の一味が行列の行手をはばむ。両者のあいだで戦いがくり広げられ、オシリス神側が勝利して祝祭の道をふたたび進みはじめる。沿道に集まった見物人たちは、オシリス神（正義・秩序）が敵（悪・混沌）に打ち勝ったことに歓声をあげたことだろう。

墓にたどり着くと神体は「埋葬」され、夜を徹して儀式がおこなわれる。翌朝、神話のとおり再生を果たしたオシリス神は、沿道の人々が見守るなか神殿に戻っていく。

祭りの進行をまかされた役人や神官以外の人々は、オシリス神の埋葬や通夜の儀式といった、墓でおこなわれる祭の核心部分に立ち会うことはできなかったと考えられるが、神殿と墓を結ぶ祝祭の道で神体の行列を見守り、オシリスの神威に接することで加護が得られると考えたのは確かである。

中王国時代と新王国時代のエリート層の墓には、「偉大なる行列につきしたがい、大神のために大地に口づけする」ことを目的に祝祭にむかう「アビドスへの船旅」がしばしば描かれた。こうした壁画の存在が、当時のオシリス信仰の隆盛を端的に示している。

祝祭空間の保護

以上のように、神々が降臨すると考えられた場所は、大規模な神殿だけにとどまらなかった。古代エジプト人がイメージした神聖な景観と合致する場所はしばしば特別視され、神が宿る聖地とみなされた。このような聖地では、国家祭祀としての儀式や祭りがおこなわれただけでなく、ときには幅広い身分の人々による祈りも捧げられた。

ウアグ祭がおこなわれたオシリスの墓と神殿のあいだには涸れ谷（ワディ）があり、この窪地がオシリス神の行列が進む祝祭の道になっていた。涸れ谷の両側には古王国時代と中王国時代の墓地が広がっていたが、涸れ谷は手つかずのまま残されていた。それはこの場所が、祝祭のための神聖な空間として公式に保護されていたからである。

第一三王朝のウガフ王が建立し、のちにネフェルヘテプ一世によって簒奪された石碑がカイロ・エジプト博物館に収蔵されている［図3–5］。この石碑は祝祭の道の四隅に配置されたもののひとつで、保護の範囲を規定するとともに、職務を果たしている神官以外の者が境界内に入ることを禁じる警告にもなっていた。石碑には禁を破って侵入した者は生きたまま焼かれるという、もっとも重い刑罰に処せられることが明記されている。[*16]

実際、古代において涸れ谷に墓が造られることはなく、祝祭の道を不可侵とする考えは、長期間にわたって固く守られていたのである。

図 3–5　ウガフ王の勅令が記された石碑
（アビドス出土、第 13 王朝、花崗岩製）

個人の祠堂

欧米の博物館には、アビドスから出土した多数の碑板が収蔵されている。これらは中王国時代に年代づけられるもので、そのいくつかには碑板の奉納者がオシリス神への信心を示すために祠堂を建てたことが記されている。

一九六〇〜七〇年代にアビドスのオシリス神殿の南側で調査をおこなったアメリカ隊は、そこで一五〇基あまりの祠堂群を発見した。現在では、これらが碑板の安置されていた個人の祠堂だったことがわかっている。

祠堂は日乾レンガ造で、単室のものが多い［図3-6］。かつてはヴォールト天井を備え、壁は礼拝施設の例にもれず白色モルタルで仕上げられていた。規模の大きな祠堂は幅五メートル、奥行一〇メートルを超え、壁でかこまれた前庭を備えており、一本か二本の木が植えられていたこともわかっている。他方で幅・奥行とも一メートルほどの小さな祠堂もあって、こちらは日乾レンガの台座の上に碑板をはめ込む龕《がん》が設けられているだけの簡素なものだった。[*17]

おそらく当初は高位の人物が規模の大きな祠堂を建て、その周辺により小さな祠堂が造られるという流れでオシリス神殿南側のスペースが埋まっていったのだろう。

規模の大きな祠堂には建立者自身の碑板や彫像が安置

図3-6 アビドスの個人の祠堂群
現在はコの字形に壁の基礎が残っているだけである。

されただけでなく、血縁者や家の使用人の碑板が置かれることもあった。エリート層とその周辺に限られた特権ではあるが、このようにして人々はオシリス神の聖地での恩恵にあずかろうとしたのである。

オシリス神殿の南側に祠堂を建てることで、人々はどのような恩恵が期待できたのだろうか。これら個人の祠堂は、いわゆる「カア祠堂（フウト・カア）」に類似した役割をもっていたと考えられる。カア祠堂はもともと墓に付属する神殿や礼拝堂のことを指していたが、第六王朝になると、エリート層によって神殿の周辺や聖地などに小祠堂が建てられるようになり、これがカア祠堂と呼ばれるようになった。

カア祠堂はその名が示すように、故人のカア（生命力や分身）のための施設である。古代エジプト人は死後の自身の存続のためにさまざまな工夫をしていたが、墓とは別の場所に建てられたカア祠堂もそのひとつだった。神の近くに自身のカアが宿ることのできる場を設けることによって、神のためにおこなわれる儀式の恩恵を得ることが期待されたのである。

そのような意図はアビドスの個人祠堂の配置にもみてとれる。すべての祠堂はオシリス神殿側をむいて建っており、これは神殿の南門を出てオシリスの墓にむかう神の行列を、沿道で見守るような配置である。毎年おこなわれる祝祭の行列に永続的に関与し、オシリス神への信心を示すことで、来世での再生がより確かなものになると考えられたのだろう。

第4章 墓と集落

古代エジプト人の祈りの場は、入場に制限のある神殿や遠くの聖地だけでなく、距離的にも心情的にもより身近なものがあった。この章ではそのような身近な祈りの場である墓、集落に建てられた祠堂、住宅の祭壇について紹介していくことにしよう。

1 墓

祈りの場としての墓

古代エジプト人は、死者が来世で存続していくためには、現世の人々による継続的な供養（葬祭）が必要と考えた。他方で生者は、アクになった死者への供養を通して日常の守護や困りごとの解決への助力が期待できた。このような死者と生者の互恵関係の舞台になったのが墓である。

王のピラミッドから庶民の土坑墓まで、古代エジプトにはさまざまな形態の墓があるが、いずれも遺体の安全な保存、故人の記憶の保存、祈りの場という機能をもっていた。

遺体の保存は地面の下に掘られた墓室が担い、記憶の保存と祈りはその上につくられた礼拝堂が担う、というのが新王国時代までのエリート層の墓の形態だった。経済的な余裕がない非エリート層の場合、礼拝堂をそなえた立派な墓をつくることはできなかったが、土坑墓の上に墓標を置いたり塚を築いたりして、墓の目印にしていた例がみられる。[*1] 土坑墓の上に目印を設けることでそこに葬られた故人を記憶し、その人物に対して祈りが捧げられたことはほとんど疑いがない。つまりエリート層の墓とは形態こそちがうものの、目印をもつ土坑墓は同じ機能を果たしていたのである。

このように墓における祈りでは、墓の礼拝施設が中心的な役割を担った。古代エジプトでは死者も日々、食べ物を必要とすると考えられたので、墓参りは毎日おこなわれるのが理想だった。だがエリート層の場合、墓は家族のいる町ではなく遠く離れた王墓地に造られる場合があったし、そうでなくとも家族は仕事や家の切り盛りで多忙だったのだろう。墓参を代行する「葬祭神官（ヘム・カア）」を雇った例がしばしば認められる。

第一二王朝のセンウセレト一世治世下にアシュートの行政長官だったジェファイハピ一世は、神官や墓地の番人など複数の人物と自身の葬祭に関する契約を結び、その内容を墓に刻ませている[*2]［図4-1］。それによると、オシリス神の祝祭（ウアグ祭）の期間や年末年始に、神殿に置かれたジェファイハピの彫像や墓で、パンやビール、灯明の灯心を捧げることが義務として課せられている。葬祭神官は自身のジェファイハピに対する奉仕とともに、これらの契約がきちんと果たされていることを監督する義務を負った。

ジェファイハピはみずからの葬祭のために、非常に手厚い体制を整えていた。とはいえこれは、地方の最有力者の事例である。ジェファイハピは葬祭神官が継続的に役目を果たす見返りとして使用人や家畜を含む所領を与えているが、それだけの余裕がなければエリート層でも葬祭神官を雇うことはむずかしかったと考えられる。ましてや人口の大半を占める庶民には、まったく縁のない話だった。亡くなった家族の面倒をみるのは、やはり残された家族というのが一般的な状況だったといえる。

日常的な墓参りでは、定型の祈禱文の朗誦と供物が捧げられた。祈禱文はエリート層の墓の礼拝堂にも記されており、もっとも広く使われたものは、冒頭の文言から「ヘテプ・ディ・ネスウト式文」と呼ばれている。

ヘテプ・ディ・ネスウトは「王が与えし供物」を意味する言葉で、それに続いて供物が捧げられる神への呼びかけが発せられる。私人墓で実際に祈りと供物を捧げるのはもちろん王ではないが、神に対する儀式をおこなうことができるのは本来、王だけであり、エジプトの国土から得られ

図 4-1　葬祭の契約文（アシュート、ジェファイハピ１世の墓）

た収穫物も王に帰属する。そこで観念的な図式として供物は王から神へ捧げられ、神の恩恵によって死者に下賜されるという流れで墓の主に供物が渡ることになる。ヘテプ・ディ・ネスウト式文の書き出しは、そのような儀式の前提を述べているのである。

こうした式文が庶民にどれだけ知られていたのかはわからない。しかし基本的な、あるいは簡略化された祈りの文言や動作が広く共有されていた可能性は高いだろう。

死者への手紙

墓における祈りはいつも型どおりに捧げられたわけではなく、具体的な嘆願の体裁をとることもあった。

死者への嘆願は、人間同士で問題の解決を図ろうとしてなお解決できなかった場合や、解決の望みが薄い場合におこなわれるものだったようだ。嘆願の相手はたいてい夫婦間や親子間といったごく近しい故人で、亡くなってからあまり時間がたっていない人物が選ばれる傾向が認められる。そのような嘆願は第六王朝以降、手紙のかたちで墓に残されることがあった。[*3]

面白いのはパピルスだけでなく、奉献用の土器に書かれる場合があったことである［図4-2］。つまり土器にメッセージを書き、それに供物を盛りつけて墓に置いてくると、供物を食べに来た故人（のカア）がメッセージを読んでくれるだろうと考えられたわけである。つぎに紹介するのは、奉献用土器に書かれていた「死者への手紙」の一例である。

デディよりイウナクトの子、ヘム・ネチェル神官アンテフへ。

病に臥せっている召使いイマイウはどうなるのですか？　彼女に害をなすあらゆる男、彼女に害をなすあらゆる女に対して、彼女のために昼と夜に戦ってくれないのですか？　なぜあなたは、あなたの門口が荒れ果てることを望むのでしょうか？　彼女のためにふたたび戦ってください。いますぐに！

それによって彼女の家はふたたび打ち立てられ、あなたのために献水が注がれるでしょう。

もしあなたからの助けがなければ、あなたの家は破滅するでしょう。この召使いがあなたの家の者たちのなかで、（切り盛りする者で）あるのを知らないのですか？

彼女のために戦って！　彼女を見守って！

彼女に害をなす、あらゆる男と女から彼女を守って！

そうすれば、あなたの家とあなたの子どもたちは落ち着くでしょう。聞き届けてくれますように。[*4]

　これは妻が亡くなった夫に宛てた手紙である。屋敷で重要な役割を果たしていた召使いが病気に

図 4-2　土器に記された死者への手紙（ヘルモポリス出土、第 26 王朝、高さ 30.5 cm）

なったがなかなか回復せず、家の運営もうまくいかなくなってきたことに危機感を募らせた妻が、亡夫に助けを求める内容になっている。夫への非難がましい調子をみると、妻はこの手紙を書く前から夫に嘆願をしていたのだろう。願いが聞き届けられなかったときの脅しと、聞き届けられたときのお礼を約束する流れは、神や死者とのコミュニケーションでしばしばみられるもので、古代エジプトの信仰が互恵的貢納関係と呼ばれるゆえんである。

第3章の「眠りと神託」でみたように、神の加護を得るために神殿や聖域で夜を過ごす方法があったが、死者に嘆願した者はその日は墓の礼拝堂で眠ったのかもしれない。というのも、嘆願の成就は夢のかたちで知覚できると考えられていたからである。生者の精神は眠りのあいだに地上界と天界・冥界の境界にもっとも近づき、アクにとっても接触しやすい状態だと考えられた。病に苦しむ夫が亡き妻に宛てた別の手紙には、「私は夢のなかで、私のために（悪霊と）戦うあなたをみるでしょう」という表現がみられる。[*5] この夢をみた夫は、夜が明けたら祭壇をつくり感謝の供物を捧げることを妻に約束している。

このような死者への嘆願は、手紙が書ける識字者層の特権だったのだろうか。J・ベインズはそんなことはなかっただろうと述べている。彼は死者とのコミュニケーションは会話（発声）によっても成立するもので、手紙も奉納する際には読み上げられただろうと推測している。[*6] 神殿とは異なり、家族の墓を訪問することに制限はなく、人々は自分たちの能力や経済力に応じた活動が自由にできた。その意味でも、庶民が家族の墓前で嘆願をおこなう習慣をもっていた可能性は十分に考えられる。

2　集落の祠堂

王朝時代の都市・集落遺跡では、住宅とは明らかに異なる構成をもつ建物がみつかることがあり、それらは出土遺物の性格とあわせて集落の祈りの場と判断される場合が多い。

西部砂漠のダクラ・オアシスに位置する都市遺跡バラートでは、ポルティコ（列柱を備えた入口）と中庭、三つの部屋が横ならびになった至聖所を備えた祠堂が複数確認されている［図4–3］。これらの祠堂は、第六王朝にバラートの行政長官だった人物のカア祠堂として建立されたことがわかっている。これらのカア祠堂には、供物を準備する竈や倉庫と考えられる部屋が設けられた建物が隣接していて、行政長官の葬祭が手厚くおこなわれていたことがうかがわれる。[*7]

第六王朝に高位の人物の葬祭が盛んになるという動向は、エレファンティネ島のヌビア遠征隊長に対する葬祭でもみられる。いずれの場合もその土地のエリート層による宗教活動の施設

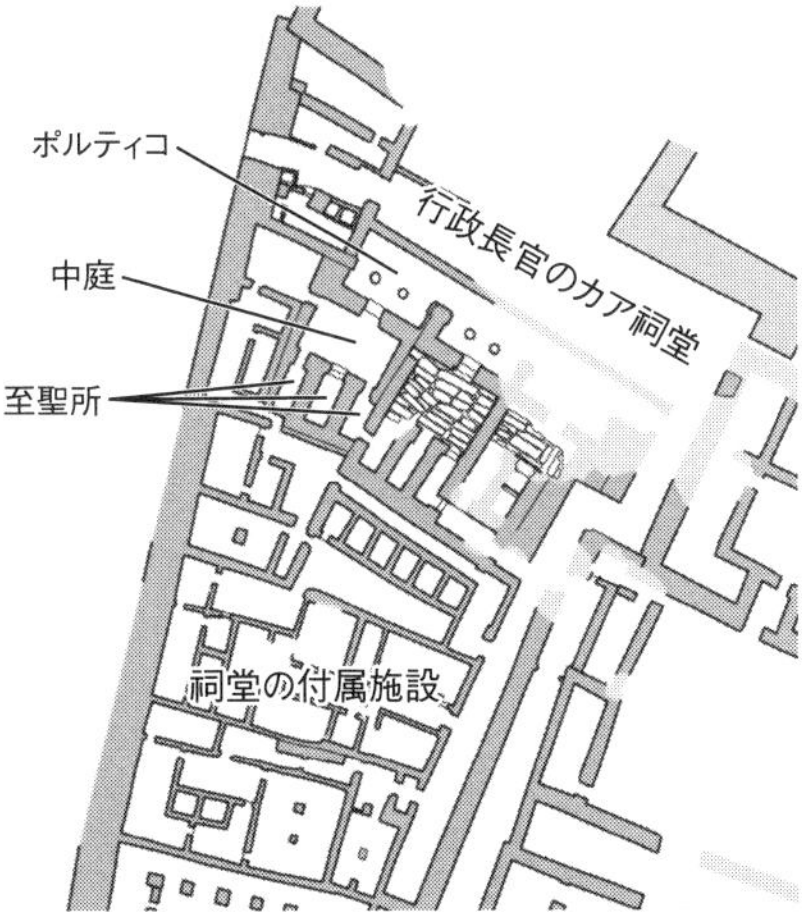

図4–3　バラートのカア祠堂群
3室構成の至聖所を備えた祠堂が3軒、横ならびにつらなっている。

であり、古王国時代の都市や集落に幅広い人々が入場できる公共の祠堂が存在していたかどうかははっきりしない。
エレファンティネ島では第一中間期に町のメインストリート沿いにヘカイブの祠堂が建てられ、第一二王朝以降は行政長官の一族によって増築が繰り返された［図1–9参照］。この祠堂への奉納物は碑板や彫像など文字の刻まれたものばかりで、庶民の入場は許されていなかったと考えられている。[*8] しかし、祭りの際にはヘカイブの彫像が祠堂から担ぎ出されて町中を練り歩いていたことから、この祠堂が庶民にとっても心の拠り所になっていた可能性は高い。

新王国時代に王墓造営の職人たちが住む特別な集落がつくられたアマルナやディール・アル＝マディーナでは、職人やその家族が祈りを捧げるための祠堂が、集落に隣接していくつも建てられていた［図4–4］。

これらの祠堂の多くは、バラートのカア祠堂にもみられる三室が横ならびに配列された至聖所と、その前にひとつかふたつの中庭を備えたつくりになっている。少なくともディール・アル＝マディーナの祠堂では、集落の設立者とされるアメンヘテプ一世やハトホル女神が祀られ、同時に住民の祖先崇拝の場としても使われていたと考えられている。アマルナの祠堂も類似した用途をもっていたのだ

図 4–4　ディール・アル＝マディーナの祠堂
左側から中庭、円柱を備えた前室、至聖所とならんでいる。

ろう。[9]

ディール・アル＝マディーナからは、こうした祠堂でおこなわれていた活動に関する文字史料も出土している。それによると祠堂での儀式や祭りでは、職人たちが神官役を務めていたことがわかる。また職人の妻や娘たちは「歌い手」として儀式に参加していた。神官役がどのように決められたのかは必ずしも明確でないが、神にうかがいを立てている史料が残っていることから、神託による任命だった可能性がある。[10] なお、このような小規模な礼拝施設が、運営費用をまかなうための自前の土地をもっていたかどうかは定かでない。国や地方の行政機関あるいは神殿からなんらかの支援を得ていたか、場合によっては住民の篤志によって運営されることもあったのかもしれない。

古王国時代のバラートと中王国時代のエレファンティネ島、そして新王国時代のふたつの職人集落にみられる例を除くと、集落の祠堂が確認された遺跡はいまのところない。これは集落全体が発掘されることがまれであるという事情にもよるが、ラフーンのピラミッド都市のように、全体が調査されていても未確認という場合もある。時代ごとの社会状況や個々の集落の成り立ちなどによって、集落の祠堂の建立には差があったようだ。ドイツのエジプト学者R・ブスマンは、新王国時代のふたつの職人集落における祠堂の存在は、そこに住む人々が神殿への入場を制限されていたことに起因すると推測している。[11] つまり、テーベ西岸に集落の祠堂など小規模な祈りの場が多いのは、カルナクをはじめとするアメン神の神殿に人々が入場できないという問題の解決策だったという見方である。ブスマンの見解は注目すべきもので、集落における共有祠堂の有無と、その地域の神殿における庶民の活動がどのように関係しているかについては、今後さらに検証を進める必要があるだろう。

メレトセゲルとプタハの岩窟祠堂

テーベ西岸のディール・アル＝マディーナの集落から王妃の谷にむかう古代の道沿いには、丘の露頭を利用した岩窟祠堂群が残っている［図4－5］。[*12] ここに祀られていたのはコブラ姿の女神メレトセゲルや職人の守護者プタハ神で、第二〇王朝のセトナクトやラメセス三世といった王が捧げた磨崖碑も残っている。おそらくこの場所には露頭がつくる自然の岩陰があり、その外観が職人たちの関心を引いたのだろう。丘状の地形や洞窟を神と結びつける古代エジプト人の感覚に加えて、こうした岩陰には実際にヘビがいることがあり、そこからメレトセゲル女神の祈りの場になったと考えられる。

ディール・アル＝マディーナからは、メレトセゲル女神に捧げられた多数の碑板やオストラコンが出土している。それらは職人集落の住人たちが、女神への祈りを通して日々の安全を得ようとしていたことを物語っている。集落は岩砂漠の縁辺部にあり、一般の人々が住む東岸の町にくらべて毒ヘビやサソリの被害にあう可能性が高かったにちがいない。王妃の谷への途上にあるこの岩窟祠堂も、作業にむかう職人たちが道すがら一日の安全を祈る場所だったのではないだろうか。

図4–5　メレトセゲル女神とプタハ神に捧げられた岩窟祠堂群
覆屋は祠堂や磨崖碑を保護するために設置された現代のもの。右手の暗がりは自然の岩屋。

ハトホルの滝壺

メレトセゲルの岩窟祠堂から古代の道をさらに進んだ王妃の谷にも、印象的な祈りの場があった。谷の一番奥は二〇メートル以上の高低差がある峡谷になっており、その突き当たりには滑らかな岩肌をした滝壺が存在している〔図4-6・7〕。洞窟状の地形とその奥の水をたたえる窪地が、古代エジプト人の想像力をかき立てるものだったのはここまでみてきたとおりだが、ここは岩砂漠のなかの滝壺であり、ふだんは水が流れているわけではない。しかし砂漠の降雨はときに大雨になり、鉄砲水の被害をもたらすことさえある。この峡谷に多量の雨水が流れ込み、滝が生じることがあったのはまちがいない。その証拠に峡谷の入口には石積みの小さなダムが設置されており、王妃の谷に雨水が流れ込むのを防いでいた。

滝壺の周辺に残された落書きから、ここはハトホル女神の聖域になっていたことがわかる。滝壺では意図的に壊された土器の堆積も確認されており、なんらかの儀式がある程度の期間おこなわれていたことは疑いがない。[*13]

とはいえ「ハトホルの滝壺」は、警備の厳しい王家の墓

図4-6　ハトホルの滝壺
滝のある谷の入口に石灰岩塊を積み上げた小さなダムがみえる。

地の奥にあり、誰もがアクセスできる聖域ではなかったと考えられる。第二〇王朝の職人ケンヘルケペシェフの石碑には、この聖域で「夜を過ごし、山から流れ出た水を飲んだ」ことが記されている。[*14] この銘文は彼が聖域で眠り、女神の加護を得ようとしたことを示唆している。降雨はあまりなかったはずなので、ケンヘルケペシェフが本当に流水を口にしたのかはわからない。滝壺にはこのような来訪者のための水甕か水盤が置かれていた可能性も考えられる。いずれにしろ彼がハトホルの滝壺に一晩滞在できたのは、この谷を仕事場にする王家の墓造り職人という特別な立場にあったからにちがいない。滝壺の周辺に落書きを残したのも、同様の特権的な人々だったのだろう。

図 4-7　ハトホルの滝壺

アル＝クルンの小祠堂群

テーベ西岸では、アル＝クルンにも興味深い遺構が残っている。アル＝クルンはなだらかな三角形をした岩山で、それが天然のピラミッドとみなされて、麓の谷間に王墓地「王家の谷」が営まれたともいわれている。この山を横断するいく筋もの小径は、ディール・アル＝マディーナの職人たちの通勤路でもあった。彼らは王家の谷を見下ろす平坦地にいくつもの石造の小屋を建て、そこに寝泊まりして作業を続けることもあった。この「宿泊所」から歩いて数分の場所に、職人たちによって造られた素朴な小祠堂群がある。

そこはアル＝クルンの頂を真上に望む場所で、山の斜面に数十基の小祠堂がところ狭しとならんでいる［口絵参照］。

在地の不定型な石材をロの字形に組んだ小祠堂は、高さ、幅、奥行とも五〇センチ前後のものが多いが、なかには上部に三角形の石を積んでピラミッド形にした、少し大きなものもみられる［図4-8］。龕のなかには表面が平滑な石がはめ込まれており、もともとは銘文や図像が刻まれていたようにもみえるが、現在は風化がひどく判然としない。

二〇世紀前半にこの場所を訪れたN・デイヴィス夫妻は、小祠堂にはめ込まれていたと考えられる小形の石碑をいくつか発見している。*15 それらの石碑のひとつには、アメン・ラー神と奉納者である彫刻師の親子が彫られている。別の石碑は一組の男神と女神に捧げられたものだが、残念ながら下半分しか残っていないため神の名前はわからない。この斜面から東岸のカルナクのアメン大神殿がみえることから、石碑にも

図4-8　アル＝クルンの小祠堂

刻まれたアメン・ラー神が祈りの対象だったとみる研究者もいる。しかしすぐ真上にみえる、アル＝クルンの頂との関係がより重要だったのではないだろうか。

アル＝クルンはメレトセゲル女神が宿る場所と考えられており、先述したようにディール・アル＝マディーナの住民たちはこの女神を厚く信仰していた。そのような背景を考えるならば、アル＝クルンの小祠堂群はやはりメレトセゲル女神に捧げられる場合が多かったと推測される。

これらの祠堂は、残っている石碑の内容や数の多さから考えると、職人たちが各自でつくったと考えられる。*16 興味深いことに、小祠堂群の周囲には土器片など儀式にかかわる遺物がまったくみられない。祠堂を建立するだけでは神に願いを聞き届けてもらえなかっただろうから、祈りと供物は捧げられたはずである。その痕跡が認められないのは、個々の祠堂でおこなわれた儀式の回数が少なかったか、あるいは儀式のあとに供物が容器ごと回収されていたということだろう。

テーベには神や王を祀るいくつもの神殿があり、数百のエリート層の墓が造営されていた。したがってこの土地は、エジプト全土でもとりわけ多くの宗教儀式がおこなわれていた場所といえる。ここで王墓の造営に携わっていた職人たちは高い識字率を誇り、信仰に関する理解も他の中間層とは一線を画していたと考えられる。

テーベ西岸に残る祈りの場は職人たちにかかわるものが多いが、彼らがつくった祈りの場も、彼ら自身と同様、他地域ではみられない特別なものだったのだろうか。ナイル河のほとりに住む誰もが生活の安寧を願っていた以上、ほかの地域でも祈りの場が設けられることはごく自然なことだったように思われる。とくに集落の近くにある岩陰や洞窟が神聖視されて祈りの場になることや、いわれのある場所に木石や日乾レンガを積んだ素朴な小祠堂がつくられることは、各地にみられたのではないだろうか。

3　家の祭壇

集落の祠堂の実例はごく限られているが、個々の住宅でおこなわれた祈りにかかわる出土資料は、中王国時代以降の多くの集落遺跡で報告されている。

古代エジプトの住宅における宗教行為と関連づけられるのは、建物の内外に設けられた基壇状の造作や壁につくられた壁龕、壁に色が塗られている部屋、神や宗教的なシンボルが描かれている部屋、供物台など儀式に用いられる備品類や護符といった遺物である。*17

通常、基壇状の遺構や壁龕は、祈りの焦点になる彫像や碑板を安置する祭壇と判断される。護符として表現される神々はさまざまだが、壁画に描かれたり祭壇に置かれたりする小像にはベス神、タウレト女神、ハトホル女神が多くみられる。牡ライオンのたてがみをもつ男性として表現されるベス神は、カバやワニを組み合わせた姿をしたタウレト女神とともに住宅や家族、とりわけ女性や子どもを守る神だった［図4-9］。悪霊や魔物を撃退するためのナイフを握りしめた二神の姿は、呪術に使う祭具だけでなく枕やベッドの装飾にもよく登場する。ハトホル女神も子孫繁栄と結びついた神だったので、これらの神々が家庭内祭祀で広く崇拝されていたのは確かである。

出土資料をみていくと、家庭内祭祀でより重要だったのは亡くなった家族への祈りだったことがうかがわれる。故人の供養が遺族の義務だったこともあるだろうが、神よりも近しい人に祈り、互いの結びつきを確認することが好まれたという側面もまちがいなくあっただろう。そのため古代エジプトの住居内に設けられた祭壇は、いわば仏壇と神棚の両方の機能を備えた設備だったということができる。

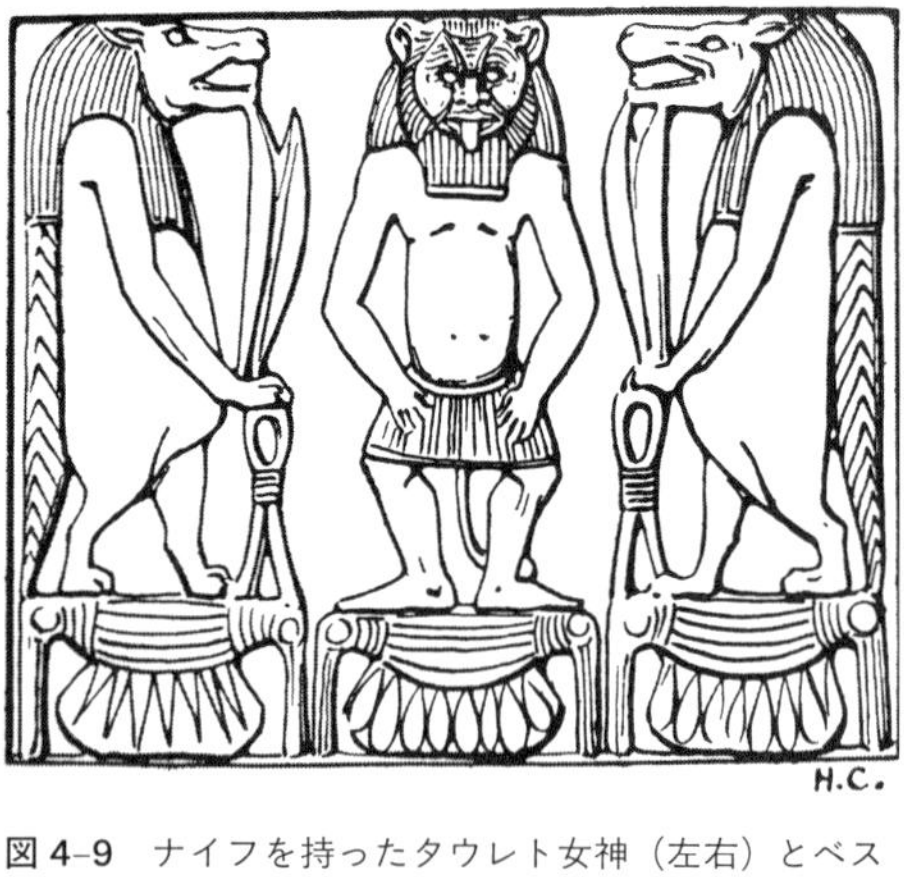

図4–9　ナイフを持ったタウレト女神（左右）とベス神（中央）

中王国時代までの住宅内祭祀遺構

エレファンティネ島のHouse 2と呼ばれる遺構は、第六王朝の終わりから第一二王朝半ばまでのおよそ五〇〇年に渡って使われた大規模な建物だ。大通りの突き当たりに位置していたこともあり、行政長官の邸宅と考えられている［図4–10］。

この建物の玄関から広がる中庭の北西壁に、第一中間期初期に壁龕が設けられた。壁龕には白色の漆喰が塗られており、ここでヘカイブに対する葬祭／信仰がおこなわれていたと推測されている。

壁龕の使用はやがて廃れたが、その周辺はヘカイブや他の遠征隊長の儀式に使う祭具を置く場所になったらしい。ここからは、儀礼に用いられたヘス壺の模型を組み込んだ可搬式の木製祠堂など、貴

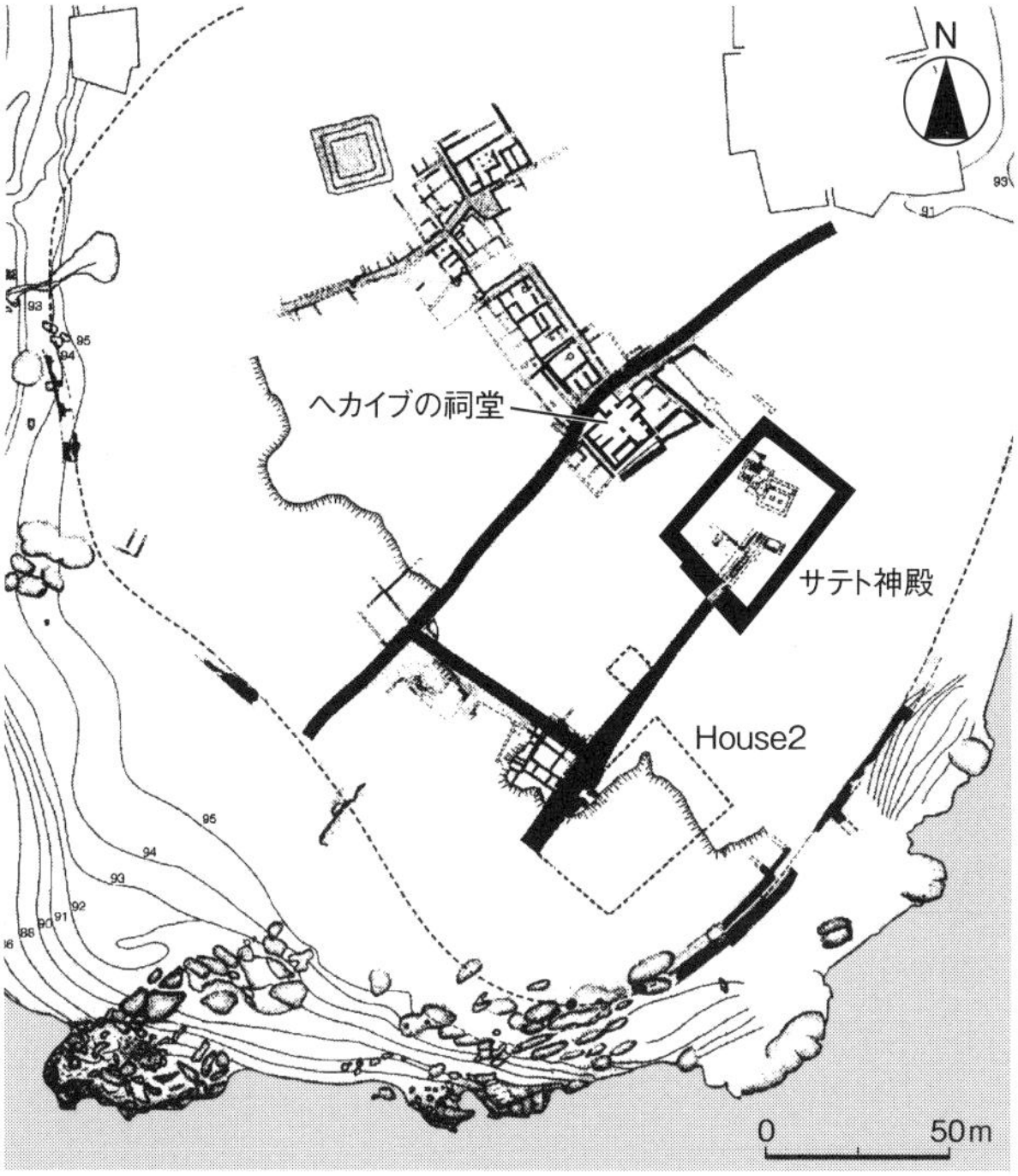

図 4-10　中王国時代のエレファンティネ島

重な祭具の実物がまとまって出土している。[*18]

中王国時代：第一二王朝のラフーンのピラミッド都市では、集落の祠堂だけでなく住宅内の祭壇も確認されていない。しかし、石製や粘土製の供物台や香炉、高さが三〇センチほどある石灰岩製のタウレト女神像、粘土製小像（ワニ、鳥、ヒヒ、男女の人間）が出土しており、ラフーンでも家庭内祭祀がおこなわれていたことを伝えている。[*19]

また、町の中央付近に位置する小規模住宅では、椅子に座る人物に供物を捧げる男性を描いた壁画が、建物中央の部屋で確認されている。[*20] 椅子に座った人物が全身を覆う白い衣を着ていることから判断すると、これは故人の供養を描いている可能性が高く、この部屋で祖先崇拝がおこなわれていたと推測できる。

さらに町の南西隅に位置する小規模住宅

のひとつでは、部屋の床に掘られた穴からベセト女神（女性のベス神）の木製小像と一組の牙製クラッパー（拍子木）が出土し、その隣の部屋からはベス神をあらわしていると考えられるカルトナージュ（布に石膏を塗って固めた素材）製のマスクが出土している［図4−11］。[*21] これらは呪術に用いられた道具類と考えられ、一般住宅で魔除けや子孫繁栄の儀式がおこなわれていたことを物語っている。

アスワン以北の住宅内で祭壇が確認できる最古の例は、アメンエムハト一世のピラミッドで知られるリシュト遺跡と、古都メンフィスの一画を占めるコーム・アル＝ファクリ遺跡でみられる。

リシュト遺跡ではピラミッドの周辺で第一三王朝に年代づけられる住宅群がみつかっており、その中のA1・3の番号が与えられた中規模住宅の中央ホールで、祭壇と判断できる遺構が確認されている。ホールには日乾レンガ造の二本の柱が立っていて、南側の柱の横に日乾レンガでできた基壇があり、その上から石碑の断片が出土した。石碑は「衛士」メンチュウヘテプとその息子アンクウに捧げられたもので、ラフーンの例と同様、この住宅で祖先崇拝がおこなわれていたことがうかがわれる。[*22]

図 4–11　儀式用のマスク
丸い右目、鼻、口が残る。左目は破損している。（ラフーンのピラミッド都市出土、第 12 王朝、カルトナージュ製）

この集落では他の住宅でも祭壇の可能性がある遺構が報告されており、なかにはベス神とみられる小像が出土した例もある。*23

リシュトのA1・3住宅とほぼ同時代と考えられるコーム・アル＝ファクリ遺跡の大規模住宅でも、祖先崇拝の痕跡が確認されている。ここでは比較的小さな部屋から、夫婦がむかい合う姿で彫刻されている石碑とその前に置かれた石製の供物台、ニカとサトハトホルという名の夫婦の小像が出土している。石碑に描かれているのもこの二人と考えられ、この部屋が祈りの場だったことは疑いがない。*24

新王国時代以降の住宅内祭壇遺構

新王国時代の事例としては、まずヌビアのアスクト遺跡でみつかった非常に保存状態のよい祭壇がある［図4-12］。

第一八王朝初頭に年代づけられる住宅の中庭の壁に造りつけられたこの日乾レンガ造の祭壇は、奥側に壁龕が設けられており、祈りの対象だった小さな石碑がはめ込まれた状態で発見された。石碑にはメリカアという名前の人物が彫られて

図4-12 アスクトの住宅内祭壇
奥の壁龕に石碑がはめ込まれ、傾斜した供物台の手前に排水用の土器がみえる。

いた。メリカアと住宅の住人のくわしい関係はわからないが、この祭壇で祖先崇拝がおこなわれていたのはまちがいないだろう。

壁龕前の供物台の上面は平坦ではなく、手前にむかってゆるやかに傾斜していて、土器を利用した排水口に液体が流れるようになっていた。このような造作は、献水をともなう儀式がおこなわれていたことを示している。供物台の上からは、祈りの際に捧げられたと考えられるビーズや粘土製小像なども出土している。*25

上エジプトのテル・エドフ遺跡でも、第一七王朝末から第一八王朝初頭に年代づけられる大規模住宅で祭壇が確認されている。建物の中央を占める六本柱のホールの北東隅に木造の祠堂が設置されており、その内部には日乾レンガ造のふたつの台座と供物台が置かれていた。台座には立像がすえられていたと考えられている。

さらにこの一画からは、「先祖の胸像」と呼ばれている特徴的な彫像、「エドフの書記」の称号をもつイウフの座像、石製と木製の三つの碑板などが出土している。これらの記念物は床の上に転がった状態で発見されており、どのように祀られていたかははっきりしないが、木造祠堂や壁に設けられた龕に安置されていたと推測される。石碑のひとつには「行政官、神官の監督官」という称号をもつホルナクトという男性が妻とともに彫刻されており、この人物やイウフが、ここに住んでいた一家の祖先崇拝の対象だったのだろう。*26

新王国時代の住宅内祭壇をもっともよく残しているのは、ディール・アル＝マディーナの住宅である［図4-13］。この集落には縦ならびの三室構成の小規模住宅が七〇軒ほど建てられており、そのうち

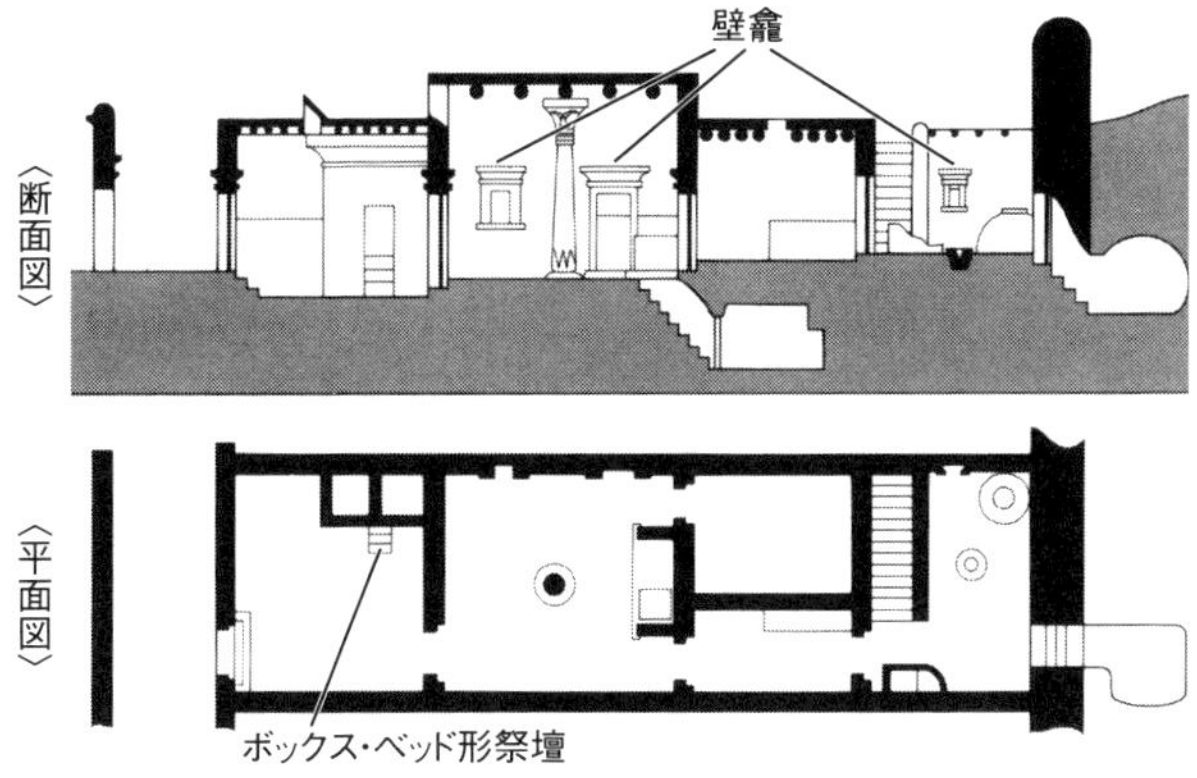

図 4-13　ディール・アル＝マディーナの住宅の平断面図

の一九軒で第二室・第三室に大きな祭壇が設けられていた。[*27]

祭壇は全体が白色で塗られていたり、赤色と黄色に塗り分けられたりしていた。また祭壇の背壁に、イアフメス・ネフェルトイリ王妃のカルトゥーシュ（楕円形の枠内に名前を記したもの）を礼拝する男性が描かれた例も確認されている。第一八王朝初期のこの王妃は、息子のアメンヘテプ一世とともにディール・アル＝マディーナの守護神とされており、この住宅で崇拝の対象になっていたのは明らかである。

ディール・アル＝マディーナの住宅内からは多数の彫像、碑板、供物台などが出土している。それらは故人、コブラ姿の女神（メレトセゲルあるいはレネヌテト）、プタハ神、アメン・ラー神などさまざまな祈りの対象に捧げられたものだった。こうした資料状況から、個々の住宅では故人とともにそれぞれ異なる神が祀られていたことがわかる。どの神を祀るかは、おそらく家族の出身地や家族の状況（子どもがいるかなど）で判断したとみられ、住宅での祈りが集落の祠堂でおこなわれる統一的な信仰とは異なる側面をもっていたことがうかがわれる。

住宅内祭壇は第三中間期のマディーナト・ハブの住宅でも確認さ

れているが、同時代の集落域があるメンフィスや中エジプトのアコリス遺跡では検出例がない。他方でカルナクの神殿域に建てられた末期王朝時代の神官の住宅では、玄関ホールの奥壁に造りつけられた基壇や、献水に使われたと考えられる水盤が確認されている。[*28]

メンフィスやアコリスで調査されている住宅は一般の都市民に属するものと考えられており、身分のちがいによる住宅の設備の差が、家庭内祭祀にかかわる遺構の発見に影響を与えているようだ。ただし、メンフィスやアコリスでは、粘土製小像（ウシ、コブラ、男女の人間など）が多数出土している。これらの遺物が家庭内祭祀と結びついていた可能性は高く、庶民層でもエリート層の家庭と同様に、魔除けや子孫繁栄の祈りが捧げられていたとみることができる。

先祖の胸像

テル・エドフの住宅で出土した「先祖の胸像（ancestor bust）」は、ミイラ姿の人物の胸辺りまでを表現したようにみえる彫像である［図4－14］。現在のところ新王国時代の事例だけが知られており、ディール・アル＝マディーナの出土数がもっとも多いが、下エジプトからヌビアまで広範囲にみられる。

多くの識字者が住んでいたディール・アル＝マディーナから出土するにもかかわらず、銘文が記されることが少ないため、これまで不特定の故人あるいは集合的な先祖を表現した彫像という解釈が支持を集めてきた。しかし、近年の研究では故人を表現している以外に、女神像や奉納物などとして使われたものもあったことが指摘されており、[*29]祖先崇拝に特化した彫像という見方は見直しが必要になっている。

第2章「仲介者の像」で述べたように、古代エジプトにおいて人物像は、表現している人物の分身といえる存在だった。神殿に安置された石製彫像も墓に収められたミイラ形小像（シャブティ）も、本人の分身として一定の役割を果たすと考えられたのである。

彫像は分身である以上、全身を表現するものであり、体の上部だけを切りとった胸像という表現は古代エジプトではめずらしい。先祖の胸像がこのような表現を採用していることには、もちろん意味があった。それは家族の祈りに応えて、アクになった故人が地下世界からあらわれつつあるさまを表現することだったと考えられる。こうした表現の源流は、古王国時代にさかのぼることができる。ギザに建てられたイドゥのマスタバ墓（第六王朝）の礼拝堂では、床とほぼ同じ高さの低い位置にイドゥの胸像が彫刻されている。胸像は死者のカア（生命力）が地下の埋葬室と行き来するために設けられた、「偽扉」と呼ばれる壁面装飾の一部を構成しており、地下から出現するイドゥを表現しているのは明白である。イドゥは両の手のひらを上にむけ、墓参の人から直接供物を受け取ろうとしているかのようだ。その姿はユーモラスで印象深い。

このような胸像の成立過程をふまえると、

図 4–14　「先祖の胸像」
（第 19 王朝、石灰岩製、高さ 41.2 cm）

やはり先祖の胸像は死者を表現したもので、そこから異なる用途が派生していったのだと考えられる。

住宅での祈り

各地の集落域の調査成果をながめると、アマルナやテーベ西岸といった新王国時代の中心的都市の住宅では比較的高い頻度で祭壇や壁龕が設置されていたが、それを除くと古代エジプトの住宅では、造りつけの祈りの場が設けられることが必ずしも一般的でなかったことがみてとれる。ただし、いまは失われてしまった壁の高い位置に壁龕があった可能性は残されているし、移動可能な小型の祠堂が使われていたことも考えられる。イギリスのエジプト学者S・カークは一般に神聖な場は私的で隠される傾向があり、考古学的に認識できない場合が少なくないことを指摘している。[*30] 事実、祭壇はなくとも、ラフーンやアコリスの小規模住宅では家庭での祈りにつながる多様な遺物が出土しており、幅広い社会階層で家庭内祭祀や呪術がおこなわれていたことを示している。

祭壇が設置される場合、家の中央にある広い部屋や中庭などが選ばれている傾向が認められる。最奥の閉じられた空間で儀式がおこなわれた神殿とは対照的に、住宅では家族が一堂に会して祈りを捧げることが想定されていたのだろう。家庭での祈りが日々おこなわれていたのか、特定の日におこなわれるものだったのかはわからない。ただ、故人の命日や地域の神殿での祝祭に合わせて供物を捧げる、といったことはおこなわれた可能性がある。[*31] お盆や正月に仏壇や神棚を飾る習慣と近い感覚を、古代エジプト人ももっていたのかもしれない。

第5章 奉納物

奉納物は既製品?

古代エジプト人と神々・死者は互恵的な関係だったとされる。そうであるならば、願いを聞き届けてもらうことと捧げ物をすることは、ひとつづきの行為だったといえる。事実、奉納行為の考古学的な証拠は、王朝時代を通じて豊富に残っている。

神の姿や祈りの言葉を記した碑板、神や聖獣、奉納者などを表現した彫像・小像、祭具や神のシンボルなどを表現した模型、パンやビールといった供物およびその容器、護符や装身具、さらには小石や粘土玉といった小さくありふれたもの、花束や毛髪など有機質のものまで、古代エジプトにはさまざまな奉納物があった。

奉納物には子どもがつくったような素朴な粘土像もみられるが、そういったものも含めてある程度の規範にしたがった形をしている。イギリスのエジプト学者G・ピンチは、奉納者自身がつくっていたのであれば形にもっとバリエーションがあるはずなので、多くの奉納物は職人によって製作されたものだと主張している。[*1] 新王国時代に奉納行為がさかんだったテーベ西岸のディール・アル＝バハリでビーズ工房址が発見されたことや、アマルナなどで土器工房から奉納用小像やその型が出土していることが、ピンチのいう既製品の存在を裏づけている。

それでは人々は、奉納物をどのようにして手に入れたのだろうか。ディール・アル＝マディーナの集落から出土した売買記録に碑板や彫像が登場することからも、少なくとも碑板や彫像の一部は職人に直接、製作が依頼されていたのだろう。既製品の場合は奉納をおこなう神殿の神官から入手するか、神殿の近くで「出店」を開く職人から、好みと予算に合うものを購入していたと考えられる。素材の入手のしやすさ、加工のしやすさは奉納物の「価格」に反映されていたと考えられ、材質から奉納者の身分をある程度推測することができる。[*2] ただし、ナイル河の黒土の豊穣性と結びついた粘土のように、簡単に入手できても象徴的な意味をもつ素材はエリート層も用いていたので、安価な素材＝庶民の奉納物とならない点は注意が必要である。

既製品の碑板の場合、刻まれている銘文には購入者の名前を入れる空白があけられていた。そこに名入れをするわけだが、名前だけでなく人物の姿が追加されることもあった。購入者の家族構成が碑板に描かれている人数より多い場合、追記されたのである。名入れや人物を追加した碑板は、浮き彫りの技法のちがいやスペースに合わない文字の割り付け、余白に無理やり配置された小さな人物像などから、オーダーメイドの碑板とくらべて不自然さが目立つことになる［図5-1］。また、銘文の内容は神を讃える定型的な呼びかけにとどまり、具体的な祈願の内容が記されることはまずない。

ちなみにヒンズー教の寺院では、僧侶があらかじめ祝福を与えた奉納物を、許可をえた業者が販売しているという。G・ピンチは、古代エジプトでも奉納物に事前の祈禱がおこなわれたのではないかと推測している。*3 他方で日本の神社では、各奉納者が用意した奉納物にあらかじめ祈禱をおこなうことはまれである。古代エジプトの奉納行為が「ヒンズー教形」なのか「神道形」なのかはさらに検討する必要があるが、奉納物がある程度決まったかたちをしているという事実は、少なくとも奉納をおこなう人々全体で奉納物の形状に対する認識が共有されていたことを示している。

参拝と祈願の作法

碑板などに表現された図像や銘文の内容から、王朝時代、神の聖域を訪れた人々は、決められた作法にのっとって参拝をしていたことがわかる。その流れはつぎのようなものだった。

まず、用意した供物や奉納物を神（あるいは神がいる至聖所）にむけて供える。参拝者はそのうしろでお辞儀をする。これは「大地に口づけする」と表現されることから、ひざまずいて顔を地面につける動作だった

図 5–1　既製品と考えられる石碑
椅子に座る女神の下に彫られた奉納者の名前が右側に寄り、左に空白ができている。女神も右上の名前だけが沈め浮き彫りで、これも後づけだろう。（第 18 王朝、石灰岩製、高さ 22.5 cm）

ことがうかがわれる。つぎにひざまずいたままか立ち上がって、両腕を上にあげ、神を讃える言葉を大きな声で唱える。それに続いて、自身の願いごとをやはり声に出して述べる。日本の神社での礼拝のように、最後にふたたびお辞儀をしたのかはわからないが、礼拝の終わりを示すなんらかの動作があったのは確かだろう。

嘆願のしるしとして神に捧げられたものは神官が受け取り、至聖所の近くなどしかるべき場所に奉納されたと考えられる。だが時がたてば奉納物の保管場所は手狭になってくる。保管場所が一杯になると奉納物は整理された。神殿の壁際などに掘られた穴に「埋葬」されたり、神殿外にまとめて廃棄される場合もあった。テーベの東岸・西岸では、こうした奉納物を整理した考古学的な証拠が複数確認されている。[*4]

1　初期の奉納物

初期王朝時代に年代づけられる奉納物が、上エジプトのエレファンティネ島、ヒエラコンポリス、アビドス、東デルタのテル・イブラヒーム・アワドやテル・アル＝ファルカの聖域でまとまって出土している［図5-2］。こうした初期の奉納物は、ヒト（成人の男女や子ども）、動物（ヒヒ、カエル、ライオン、ワニなど）、人工物（舟、儀式用の容器、祠堂など）をかたどっている。神の姿を直接表現しないという先王朝時代の伝統を受け継いでいるのか、この時代の奉納物にも明確に神をあらわしているものはほとんどみられない。素材はファイアンス、石（おもに石灰岩）、象牙（あるいはカバ牙）、粘土で、高さ五〜一〇センチ程度の小ぶりなものが多いが、アビドスでは、二〇センチ以上の大きなファイアンス製ヒヒ像が出土しており、またヒエラコンポリスで出土した象牙製の像には四〇センチほどのものもある。

この時代の各地の神殿はそれぞれ独特な外観をもっていたが、奉納物の表現方法は大枠で一貫している。たとえばヒヒならば頭は四角く大きく、うずくまって膝の上に手を置く姿で表現されている。子どもであれば右手の人差し指を口にくわえた裸体で表現されている。おおむね決まった形で表現されているということは、王朝時代がはじまるころには王国全土で図像表現の共有が進んでいたこと、その図像表現を習得した職人による奉納物がすでに使われていたことを示している。

他方で、奉納物の種類別の出土傾向には、地方ごとにかなりのちがいがある。初期の奉納行為を研究したR・ブスマンによれば、エレファンティネ島ではヒトや舟が、アビドスではヒヒが占める割合が多く、サソリはほとんどがヒエラコンポリスで出土するという。[*5] これは各地の奉納行為に、性格のちがいがあったことを示唆している。

図 5-2　テル・アル＝ファルカの初期奉納物（第１王朝、象牙製）

この時代の奉納物にはまだ文字が記されているものがなく、奉納に際してどんな祈願がおこなわれたのかはっきりとはわからない。ただし、奉納物に表現されているものが、のちの時代にどのように使われていたかを検討することで、たとえば女性や子どもの小像は妊娠・安産祈願、ワニやサソリの小像はこれらの生物からの災難よけだったことが推測できる。[*6] その一方で、同じ種類の奉納物が各地で同じ意味をもっていたとは断言できないむずかしさもある。

初期王朝時代に各地で奉納行為をおこなった人々の身分はわかっていないが、象牙製品は先王朝時代からステイタス・シンボルのひとつであり、大形の象牙製の像が集中するヒエラコンポリスの奉納者がおもに高位の人物だったのは確かだろう。

また、エレファンティネ島の初期神殿からは、古王国時代の約五〇〇年間に捧げられたおよそ五〇〇点の奉納物が出土している［図5–3］。[*7] 仮に奉納物が古王国時代のあいだ、廃棄されることなく集積していたとするなら、一年で一～数点の奉納しかおこなわれなかったことになる。もちろん失われた有機質の奉納物や、調査時に奉納物と認識されなかった小石などがあった可能性も考慮しなければな

図 5–3　エレファンティネ島の初期奉納物
中央から左側はヒヒの小像群、右側の３体は指を口にくわえた幼児の小像。（古王国時代）

らないが、同時に、すでに初期神殿の段階で奉納行為に身分などによる制限があった可能性も考える必要があるだろう。

2　新王国時代以降の奉納物

初期の奉納物がエジプト各地で出土しているのと対照的に、中王国時代の奉納行為はハトホル信仰にかかわるものがナイル河流域外でみつかる以外、まとまったかたちでは確認されていない。中王国時代のほとんどの神殿は後代に建て替えられているため、奉納物も失われてしまったのだと考えられるが、王が地方の神殿に介入していく過程で、奉納行為に制限がかけられていた可能性も否定できない。

他方でラフーンなどの集落遺跡ではヒトや動物をかたどった小像などが豊富に出土しており、それらのなかには住宅の祭壇に捧げられたものも含まれていると考えられる。神殿での奉納が制限されていたとすれば、中王国時代の奉納行為は神殿から集落域／住宅内へとシフトしていたのかもしれない。新王国時代になると傾向はふたたび変わり、各地の神殿・聖域で奉納物の出土がみられるようになる。

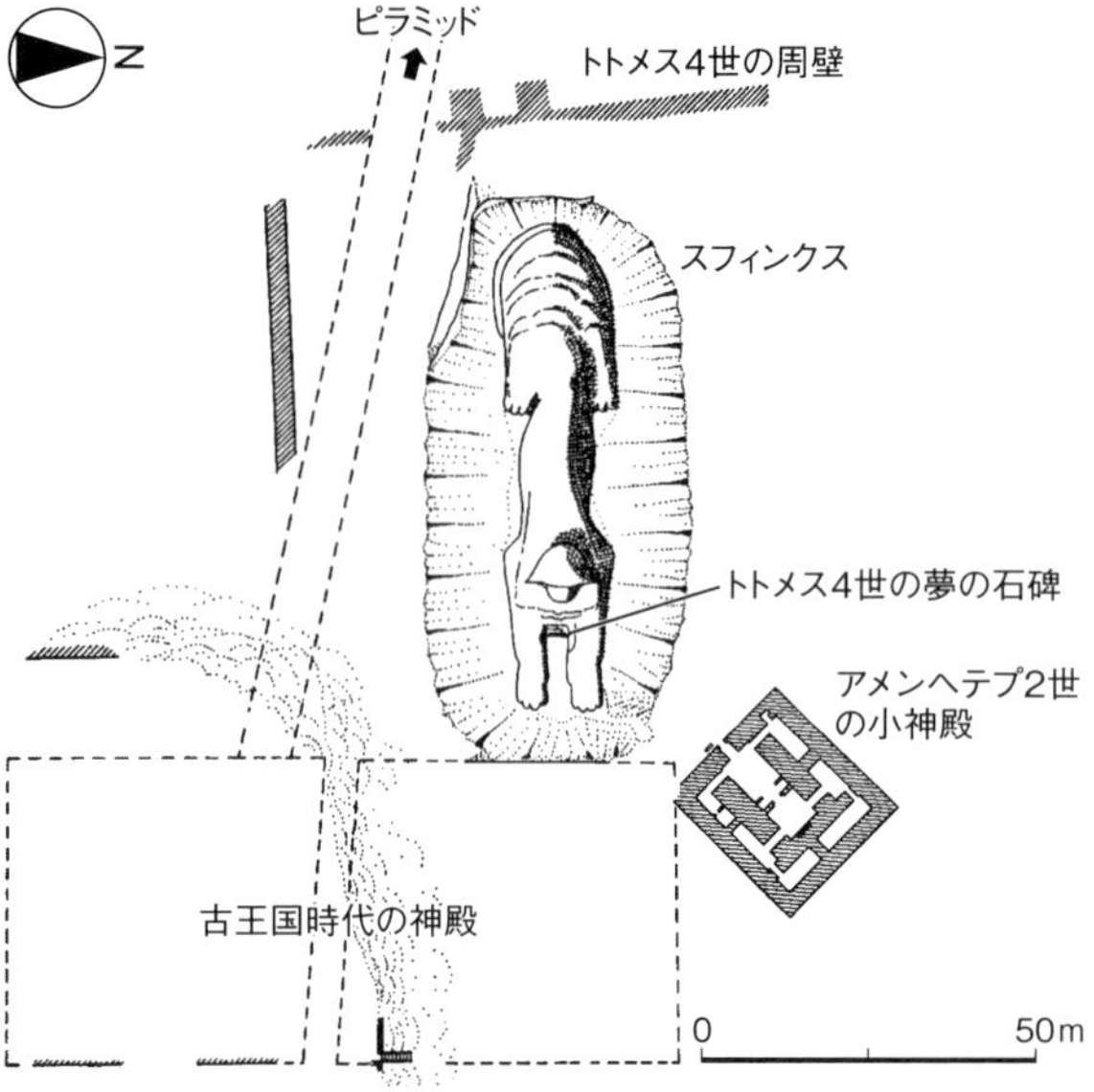

図 5–4　新王国時代の大スフィンクス周辺

ギザの奉納行為

第四王朝のカフラー王の治世につくられたギザの大スフィンクスは、第一八王朝になると太陽神の一柱であるホルエムアケト（地平線のホルス）神やパレスチナの砂漠神ハウロンとみなされるようになり、奉納物が捧げられるようになった。トトメス四世が大スフィンクスの背後に建設した日乾レンガ造の周壁に、碑版を奉納していく習慣がみられるようになるのである［図5–4］。

トトメス四世が周壁を建設したのは、吹きつける砂から大スフィンクスを守るためだった。この巨像は岩盤を掘りさげて削り出されているため、周囲が窪地になっている。そのため維持管理がとどこおれば砂が降りつもり、やがてすっかり砂で覆われてしまう。第四王朝の三基のピラミッドが築かれ、古王国時代を通してエリート層の重要な墓地として使われていたギザは、第一中間期以降はあまり管理されない荒れた土地になっていた。そのため新王国時代がはじまるころまでには、ナポレオンのエジプト遠征の銅版画に描かれたように、大スフィンクスは砂に埋もれた姿になっていたのである。砂漠神ハウロンとの同一視は、大スフィンクスが長く砂に埋もれていたからではないかという推測もある。

トトメス四世の父アメンヘテプ二世の治世には、大スフィンクスの北東側に日乾レンガ造の小神殿が建立された。その至聖所からは大スフィンクスの顔を望むことができ、安置された石碑にはアメンヘテプ二世がギザに大規模な建造物を建てた祖先たちの名声を復活させるため、小神殿を建て石碑を刻ませたことが述べられている。*8 大スフィンクスは神とみなされただけでなく、王家の祖先崇拝の象徴になっていたことがうかがわれる。

トトメス四世は父の事業を継承し、大スフィンクスの前足のあいだに高さ約三・七メートルの赤色花崗岩製の石碑を建立した［図5–5］。「夢の石碑」の名で知られるこの記念物には、興味深いエピソードが刻まれている。

ある日、まだ王子だったトトメスがギザを訪れ、大スフィンクスがつくる日陰で眠りに落ちたところ、夢にホル

図 5–5　大スフィンクスとトトメス 4 世の「夢の石碑」

エムアケト神があらわれたという。神は王子に「私はお前に王権を与えるだろう。みよ、私のすべての手足は荒廃している。私がかつてその上にあった砂漠の砂は、私とむかい合っている。私はお前を待っていた」と窮状を訴えた。石碑の下半分の銘文が失われているためその後の顛末は推測するしかないが、目覚めたトトメスが神託を得たと考え、大スフィンクスのまわりから砂をとり除かせたことが記されていたのだろう。そしてその見返りとして、トトメスはホルエムアケト神から地上の王権を得たと主張していたはずである。*9

大スフィンクスの背後に現存する周壁には、トトメス四世の名前のスタンプが押された日乾レンガが含まれているため、この壁をめぐらせたのが同王だったことはまちがいない。ただ、大スフィンクス周辺でおこなわれた一連の事業が、すべてこの王に帰せられるかどうかは疑わしい。とくにアメンヘテプ二世は、高さ七メートルほどの立像を大スフィンクスの前足のあいだに安置したと考えられているので、*10砂の除去はトトメス四世以前にかなり進んでいたようだ。夢の石碑の内容はユニークで、いくらかの事実も含まれているだろうが、王の功績をことさら誇張する「王の物語」に属する史料なのは明らかだ。

第一八王朝の諸王による大スフィンクスへの注目が臣下の人々にも広がり、奉納行為がおこなわれるようになる。一九三〇年代におこなわれた発掘で、いくつかの碑板がトトメス四世の周壁にはめ込まれた状態で出土している。碑板の銘文に着目すると、奉納者は中央政府の高官から軍人、職人まで幅広く、全体としてギザ周辺の住民や公務でギザを訪れた人々が大スフィンクスを参拝していたことがわかる。*11

新王国時代のギザは、ピラミッドやマスタバ墓から石材をとりはずして転用する、国家事業のための「採石場」になっていた。この事業に従事する役人や職人が、作業の合間にスフィンクス詣でをしたのかもしれない。奉納された碑板は現地の石灰岩を使用しており、参拝者に碑板を提供する工房が大スフィンクス付近にあった可能性も考えられる。

大スフィンクス周辺からは「耳の碑板」も出土しており、ホルエムアケト／ハウロン神とみなされた大スフィンクスが嘆願に耳を傾けてくれる存在と考えられていたことがわかる。

大スフィンクスが通常の神像と異なるのは、野外にあるため誰もがその姿を目にすることができたという点である。周壁まで近寄り、碑板を安置することには制限があったかもしれないが、遠目からでもみることができる大スフィンクスは、周辺住民にとっても心の拠り所になっていた可能性がある。大スフィンクス周辺の堆積からは、銘文を伴わない稚拙な表現の碑板、さまざまな素材でできたスフィンクスやライオンの小像、ハヤブサの小像、護符、土器や石器などが多数出土している。*[12] このなかに庶民による奉納物が含まれていても不思議はない。

アシュートの奉納行為

新王国時代には、上エジプト第一三州の州都アシュート（古代名シウト）でも奉納行為がさかんだったことがわかっている。

この町の主神はウプウアウト神で、標章のうえに立つイヌの姿で表現された。ウプウアウトは「道を開く者」という意味をもち、軍隊の行進から死者の冥界の旅まで、移動をともなうあらゆる場面で人々を守ってくれる存在と考えられた。

ナイル河西岸の墓地遺跡ジャバル・アシュートに造営された、第一二王朝の行政長官ジェファイハピ三世の墓の礼拝堂から、おもに新王国時代に年代づけられるおよそ六〇〇点という膨大な数の奉納碑板や、四〇点あまりのイヌ形粘土製小像が出土している。*13 碑板のほとんどはウプウアウト神に捧げられているが、プタハ、セベク、タウレトといった神に捧げられたものも少数ながら含まれている。後述する末期王朝時代の動物崇拝でもさまざまな神への奉納がみられ、嘆願者の願いの内容などによって、他地域の神への祈りも許容される素地が古代エジプトの信仰にあったことがうかがえる。

ウプウアウト神に祈りを捧げ、碑板や小像を奉納していたのは、アシュートに住む幅広い身分の人々だった。碑板の銘文から、ウプウアウト神に仕える神官たちや神殿のスタッフ、役人、職人、さらにはエリート層の女性たちが単独で奉納していたことがわかる。興味深いのは、表面にイヌの型押しをいくつもならべた粘土製の碑板が、一〇〇点あまり出土していることである［図5-6］。アシュー

図 5-6 ウプウアウト神に捧げられた粘土製碑板（ジャバル・アシュート出土、新王国時代後半、ナイル・シルト製、高さ 30 cm）

トのウプウアウト信仰に特徴的なもので、このような粘土製碑板は他の遺跡でみられない。エリート層が奉納した石製碑板の表面にもイヌが多数彫刻されているものがあり、そうした表現をまねたものなのだろう。

こうした粘土製の碑板には文字が記されていないものが多く、型押しで容易に製作できることとあわせて考えると、庶民が奉納したものが一定数含まれている可能性がある。そのような碑板が含まれている点でも、ジェファイハピ三世墓出土の碑板のコレクションは注目すべきものである。

なお、多数の碑板がジェファイハピ三世の墓に置かれていた背景は、いまひとつはっきりしない。ジャバル・アシュートの別の墓には、第一八王朝のはじめにここを訪れた書記が「ジェファイハピの美しい神殿をみにきた」という落書きを残している。*14 文中の「ジェファイハピの神殿」が独立した建物なのか、それとも墓の礼拝堂を指しているのかはわからないが、新王国時代までにジェファイハピが聖人に昇格し、崇拝の対象になっていたことを示唆する史料といえる。*15

ただし、ジャバル・アシュートにはジェファイハピを名乗る複数の人物の墓があり、聖人になっていたのは墓の銘文で名高いジェファイハピ一世だった可能性が高い。なにより碑板のなかにジェファイハピへの信心を明示したものはひとつもないので、三世への信仰が碑板の安置につながったと結論づけるのはむずかしい。

他の可能性として考えられるのは、碑板や小像はもともとアシュートの町にあった神殿や祠堂に奉納されたもので、新王国時代以降のいずれかの時期にジェファイハピ三世の墓まで運ばれたということである。*16 この説はもっともらしいが、奉納物は奉納された施設の近くで埋納あるいは廃棄されることが多く、大量の碑板をわざわざ墓地まで移動したのはなぜかという疑問が残る。

アビドスの奉納行為

第3章で紹介したように、オシリス神の墓があったアビドスの王墓地は現在、ウンム・アル＝カアブの名で知られている。これはアラビア語で「カアブ（鉢形の土器）の母」を意味していて、カアブ土器をはじめとする膨大な数の土器がこの場所に奉納されたことからつけられた呼称である。

ウンム・アル＝カアブの土器堆積はオシリス神の墓が認定されるはるか前、先王朝時代末からはじまっており、亡くなった支配者に対する葬祭あるいは信仰が、非常に古くからおこなわれていたことを物語っている。[*17] このような王の祖先崇拝の伝統が、のちのオシリス神に対する奉納行為の下地になっていったのである。

大量の土器が積み上がっているさまをみれば、ウンム・アル＝カアブでの奉納行為が土器とその内容物を中心にしたものだったことは明白である。近年のドイツ隊による精査によって、この土器堆積の性格が明らかになってきている。それによると、土器の奉納がとくに盛んだったのは新王国時代と第二五・二六王朝時代で、場所によるちがいはあるものの、堆積全体の六〇～八〇パーセントがこれらの時期の土器だという。[*18]

土器の器形でみると、新王国時代は「ビール壺」、第二五・二六王朝時代はカアブ土器と「末期王朝壺（Late Period Bottle）」と呼ばれる壺形土器が目立って多く、これらは奉納用に現地で大量生産されたものと考えられている。興味深いことに、中王国時代以降いくつかの器形が時代を超えて継承されており、その代表例がカアブ土器である。

カアブ土器にはなんらかの植物が入っていた痕跡があるもの、炭と香の残滓が認められるもの、ヤギやヒツジの糞が入っていたものなどがある。動物の糞はセト神とも太陽神とも結びつく解釈のむずかしいものだが、この出土状況では植物や香と同じくオシリス神の豊穣性や再生力に関連した奉納物だったと考えられる。*19

これまでウンム・アル＝カアブの土器堆積は、「オシリスの墓詣で」をした人々が二千年にわたって奉納物を残していった結果、生じたものと考えられてきた。だが、オシリスの墓に至る「祝祭の道」は王の勅令によって第一三王朝以降守られていたので、ウンム・アル＝カアブへのアクセスにも制限があった可能性は高い。ドイツ隊の調査によって、少なくとも第二五王朝に年代づけられる土器堆積は、統制された奉納行為によって形成されたものであることが明らかにされた。

報告によると、末期王朝壺は祝祭で神の行列が進む道の左右に整然とならべられており、その多くには焼成後に開けられた穴が認められたという［図5–7］。これは土器がた

図 5–7　ウンム・アル＝カアブの土器堆積
横置きにされた末期王朝壺がならんでいる様子。左端には鉢形をしたカアブ土器がみえる。

んに奉納物として配置されたのではなく、儀式的に「殺されて」置かれたことを示している。古代エジプトの葬儀では、魔除けの意味をもつ「セジュ・デシェルゥト（赤い土器を壊す儀式）」がおこなわれていたことが知られている。穴の開いた多数の土器は、ウアグ祭でおこなわれたオシリス神の埋葬にも、この儀式がともなっていたことを物語っている。セジュ・デシェルゥトでは敵の血に見立てた液体を壺形土器に入れていたので、末期王朝壺にも水などの液体が入っていたのだろう。壺の列にはカアブ土器がともなっている場所もあり、そこでは先王朝時代末の奉納にみられる、皿形・鉢形土器を地面に伏せてならべるという行為が踏襲されていた。[*20]

第二五王朝におこなわれたこれら一連の奉納行為は、全体の規模や統制された行動の内容から考えて、個々人が自由におこなった奉納行為とは大きく異なるものであり、王によって主導された宗教活動だった可能性を強く示している。すべての時代の奉納行為が同様のものだったと結論づけることはできないが、テーベ西岸の岩窟墓でもよく描かれた「アビドスへの船旅」に代表される自由な奉納行為のイメージが、見直しを迫られているのは確かだろう。

3　ハトホル女神信仰と奉納

ハトホルは古代エジプト社会でたいへん人気のあった女神で、エジプト国内だけでなく、シナイ半島やヌビア地域、はては東地中海沿岸のビブロスでも崇拝されていた。とくに女性が日常の諸問題か

図 5–8　ディール・アル＝バハリの景観（中央にハトシェプスト女王葬祭殿がみえる）

ら妊娠・出産、子育てにいたる困り事を訴える相手として、重要な役割を果たした。その人気の高さは、各地で出土する女神への奉納物の多さにはっきりとあらわれている。

ハトホル女神の聖地としてよく知られているのは上エジプトのデンデラで、クレオパトラ七世の浮き彫りや天体図で有名な、ヘレニズム・ローマ時代のハトホル神殿が観光スポットになっている。他方でこの遺跡では、奉納物の出土はわずかしか報告されていない。こうした傾向は、ハトホルが「南のイチジクの女主《おんなあるじ》」と呼ばれて信仰を集めていたメンフィスでも同じだ。奉納物はまとめて廃棄される場合があるので、これらの遺跡では単純に廃棄場所がみつかっていないだけなのかもしれない。あるいは、幅広い身分の人々による奉納行為が容認されていた神殿と、そうでない神殿があった可能性も考えられる。

ディール・アル＝バハリのハトホル女神の聖域

テーベ西岸のディール・アル＝バハリは、ハトホル女神に対する奉納行為の痕跡がよく残る遺跡のひとつである。ここはアル＝クル

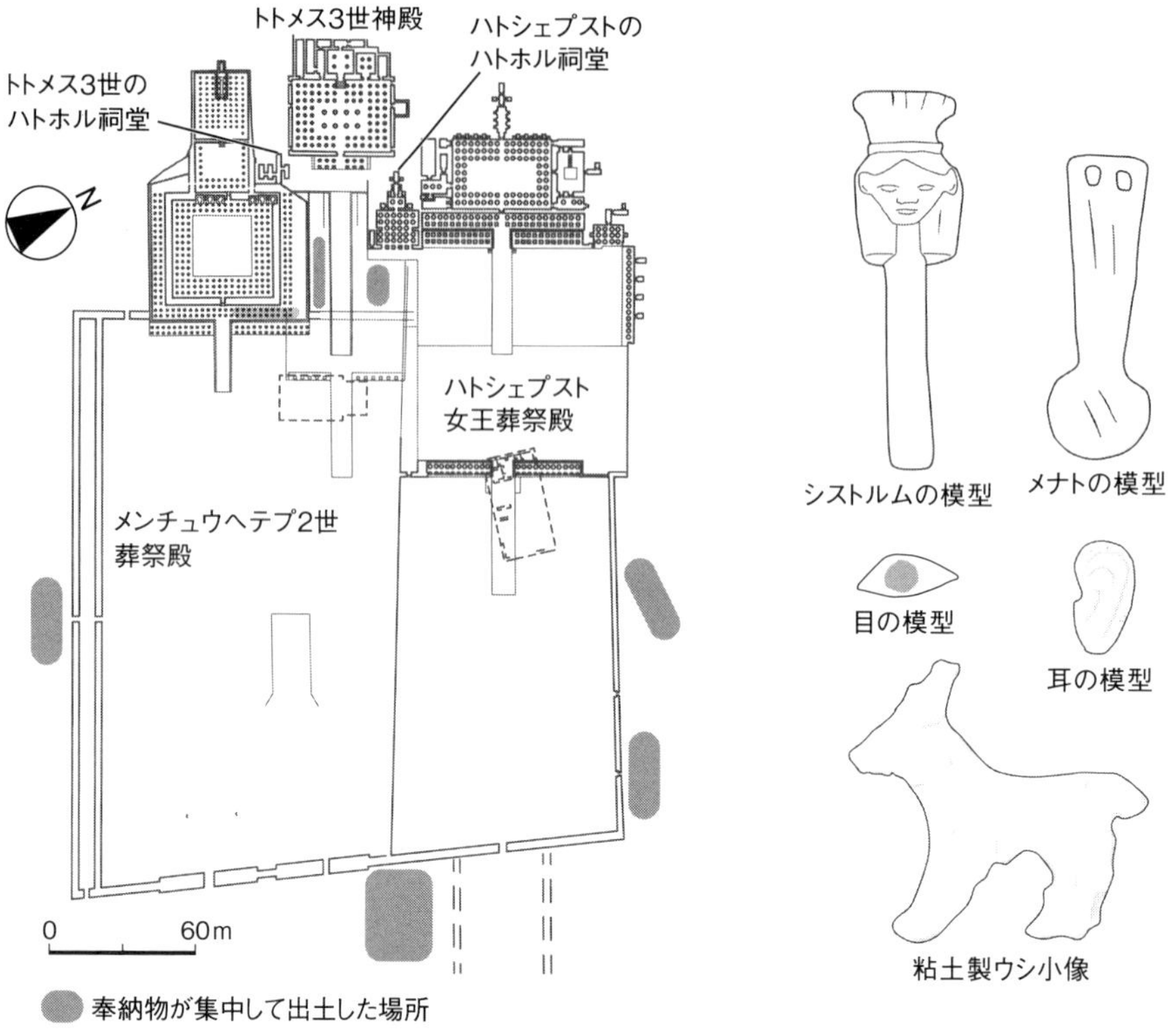

図 5-9 ディール・アル＝バハリの神殿域と奉納物

ン山の山体を構成する切り立った崖が印象的な景観をつくっていて、テーベ西岸を守護するハトホル女神が宿る場所とされていた［図5-8］。

中王国時代の開祖・第一一王朝のメンチュウヘテプ二世は、崖の麓に墓と葬祭殿を組み合わせたプラットフォーム状の石造建造物を建立した。

メンチュウヘテプ二世がこの場所に墓を築いたのは、ディール・アル＝バハリがハトホル女神の聖地だったことと無関係ではなかった。この王は女神への信心をたびたび示しており、王家の女性たちにも女神の神官職にあった人が少なくなかったのである。「西方の女主」と呼ばれ、死者を守る役割をもっていたテーベのハトホル女神の聖地に、自身と王族女性たちのための墓と葬祭殿を築くのは、メンチュウヘテプ二世にとって自然なことだったのだろう。

メンチュウヘテプ二世は葬祭殿の一角に、ハトホル女神を祀る祠堂を建立した可能性がある。ただ、その遺構は確認されていない。その後、第一八王朝になると、アメンヘテプ一世やハトシェプスト女王がメンチュウヘテプ二世の右隣（北側）に神殿を建立した。アメンヘテプ一世の神殿は現存しないが、ハトシェプスト女王の葬祭殿はディール・アル＝バハリの観光スポットとしてよく知られている。

ハトシェプスト女王は自身の葬祭殿の南側に、ハトホル女神の祠堂を建設した。さらにハトシェプスト女王の死後、トトメス三世は女王の葬祭殿とメンチュウヘテプ二世の葬祭殿のあいだにアメン神に捧げた小神殿を建立し、その一角にハトホル女神の祠堂を配置した［図5–9］。これはハトシェプスト女王の祠堂にとって代わる施設として建設されたものらしい。ハトシェプスト女王とトトメス三世のハトホル祠堂は現存していて、いずれも背後の崖を掘削して至聖所を設けた半岩窟の施設である。ここに神体を安置することで、崖に宿るハトホル女神を視覚的に表現しようとしたのだろう。

なお、トトメス三世の祠堂からは、現在カイロ・エジプト博物館に展示されている、

図5–10　移築されたトトメス3世の岩窟祠堂とハトホル女神像（第18王朝、石灰岩製）

牝牛の姿をしたハトホル女神の石像〔図5-10〕が原位置で出土している。牝牛の腹の下には、ひざまずいて乳を飲む王の姿が彫刻されている。これは女神の息子（ホルス神）としての王を表現したものだ。ハトシェプスト女王のハトホル祠堂の壁画にはこれとよく似た牝牛像が描かれており、同様の外見をした女神像が安置されていた可能性が高い。このような神体の姿は、テーベ西岸のハトホル女神が牝牛に付与された象徴性、つまり母性や豊穣といった性格によって崇拝されていたことを示している。

ディール・アル＝バハリの奉納行為

ディール・アル＝バハリのハトホル祠堂とその周辺は、新王国時代には幅広い身分の人々が祈りを捧げることができる場になっていた。

エリート層によって奉納された彫像や碑板が祠堂の境内で確認されているだけでなく、葬祭殿の前庭をかこむ周壁の外側からは、王名を記したファイアンス製飾り板やスカラベ、シストルムやメナトといった祭具の模型、粘土製の女性や牛の小像などさまざまな奉納物が多量に出土している。これらは建物の改築時に整理されたか、奉納場所のスペースを確保するために廃棄されたものと考えられているという。ディール・アル＝バハリの奉納物の八〇パーセントほどは、周壁外の堆積から出土しているという。*21

ディール・アル＝バハリの神殿域からは、つぎのような銘文が記された私人像も出土している。

王の執事チャウイ、彼は言う「私は、嘆き悲しみハトホルを信じる、あらゆる若い娘の嘆願を聞いてくださるお方であるハトホルの……シストルム奏者なり。私の額に香油を、私の口にセレム飲料を、あなたが捧げるものからパンとビールを、供物を（私の）前に。そうすれば（私は）ハトホルに伝えるであろう、なぜなら女神は繰り返されるものをお聞きになるから」[*22]

この彫像は明らかに仲介者の像として安置されたものだ。興味深いのは若い女性にむけた呼びかけが含まれていることで、実際ディール・アル＝バハリには多くの女性が嘆願に訪れていたことが奉納物からみてとれる。

とくに注目されるのは、女神と奉納者の姿が絵具で描かれている、長辺二〇～五〇センチほどの横長の長方形に織られた亜麻布《あまぬの》である［図5-11］。布の質はそれほどよいものではないが、縁には房飾りがついており、奉納用に製作されたものと考えられている。布に描かれた奉納者は女性が圧倒的に多く、女性が単独で捧げたものも三五点の類例中一二点認められる。[*23] 銘文をともなうものも多いが、定型の短文が多く、嘆願の内容はほとんど読みとることができない。ただ、ハトホル女神に「生命を与えしもの」と呼びかける例がいくつかみられることから、

図 5-11　ハトホル女神に捧げられた亜麻布
右端の女性は画面からはみ出しており、追記されたものだろう。

妊娠・出産にかかわる奉納物だったと推測されている。

この奉納物の図像表現は碑版とよく似ており、布製の碑板のようにみえる。ただ、古代エジプトでは、布製品はそれなりの価格で売買されていたので、石製の碑板より安価な奉納物だったとは必ずしもいえない。ミイラを包む亜麻布が機織りの女神タイトによって織られたとされたように、信仰上のなんらかの理由で布という素材が選択されたと考えるのが妥当だろう。事実、ディール・アル＝バハリ以外の場所でも、房飾りのついた無地の布や青色のビーズを織り込んだ布がハトホル女神に捧げられている。

鉱山ジャバル・アル＝ゼイトのハトホル女神信仰

紅海沿岸の観光地ハルガダから約八〇キロ北に位置するジャバル・アル＝ゼイトは、紅海に面した長さ約三〇キロの山脈のなかに位置する遺跡である。

ここには古代エジプト人がアイラインの原料にしていた方鉛鉱の鉱脈があり、初期王朝時代から第一九王朝にかけてナイル河流域から遠征隊が送り込まれて採掘活動がおこなわれていた。長さ一〇〇メートル、深さ二五メートルにもおよぶ坑道をはじめ数百の採掘坑が残っているだけでなく、自然石を積んだ採掘者たちの住居群とともに、神への祈りの場が二か所で確認されている。

このうち Site 1と呼ばれる場所の聖域は、中王国時代には山の斜面の岩屋に設けられていたが、たびたび重なる採掘活動で生じた土砂が岩屋を覆うほど堆積したため、新王国時代になると堆積の上をならして新設された。この新しい聖域は自然石を積み上げた幅六・五メートル、奥行三メートルほどの、低い壁でかこまれた隅丸長方形の空間である〔図5-12〕。周壁内の北西隅では四角形になる四つの柱穴が確認されており、往時は木造の祠堂が建てられていたと考えられる。

この木造の祠堂の背後に石積みの塚がつくられており、内部から八点の石製およびファイアンス製の碑板と二点の木製小像が出土した。碑板は第一二王朝のアメンエムハト二世など王の名が記された

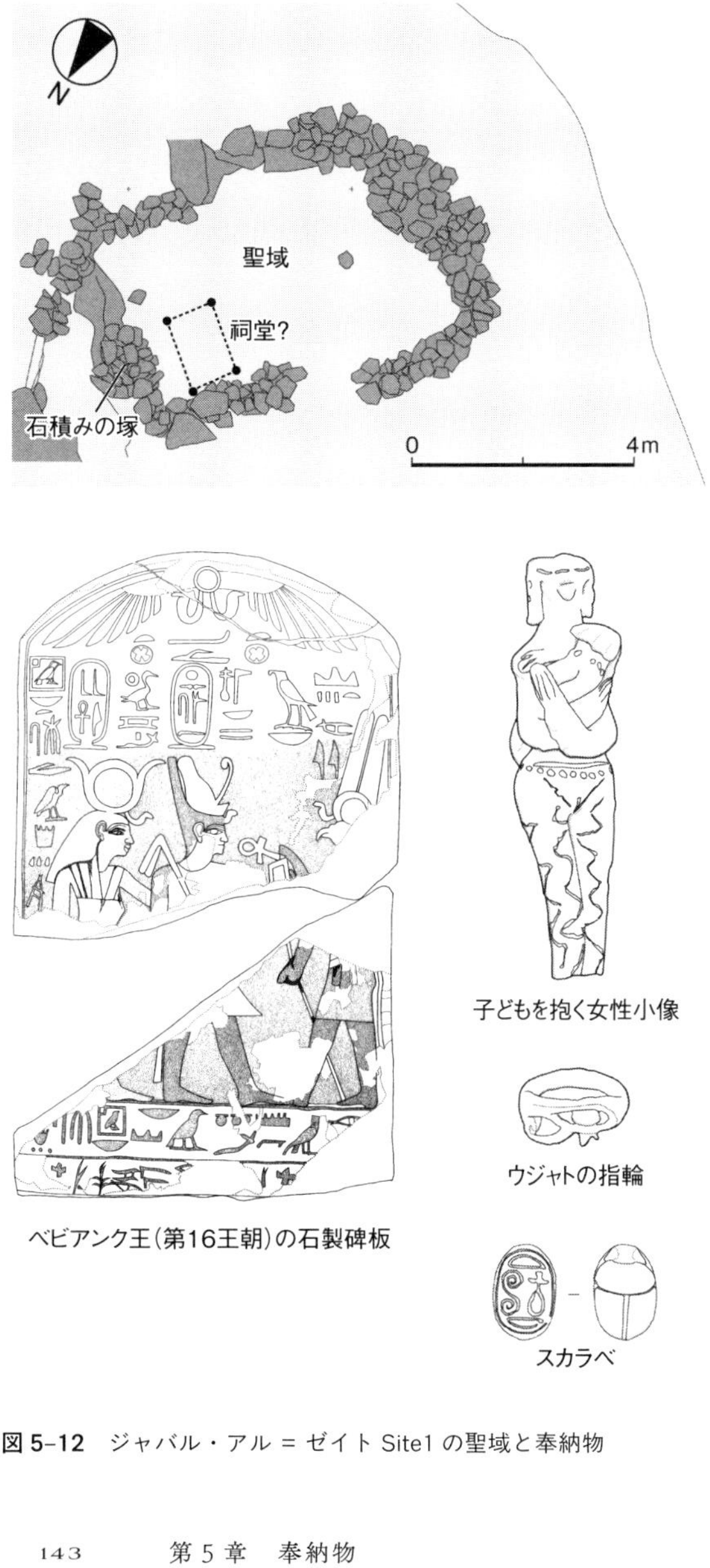

図5-12　ジャバル・アル＝ゼイト Site1の聖域と奉納物

もので、聖域の重要な記念物として採掘活動の終わりに石で覆って隠したものらしい。[24] 碑板は「砂漠の支配者」ホルス神やコプトスのミン神といった、ナイル河東岸から鉱山にいたる砂漠の道を守る神に捧げられたものを含んでおり、遠征隊の無事が祈願されていたことがうかがわれる。

ただ、この聖域でもっともさかんに崇められていたのは、「方鉛鉱の女主」と呼ばれたハトホル女神だった。聖域からは碑板だけでなく、遠征隊のメンバーが捧げた王名やウジャト（ホルスの眼）をかたどったファイアンス製の指輪、同じくファイアンス製のスカラベといった小さな奉納物が五〇〇点あまり出土している。[25]

聖域は遠征隊が来るたびに崩れた周壁の積み直しや内部の清掃がおこなわれたようだ。そうしたメンテナンスの結果、積み直された壁の内側や聖域内外の床下から、新旧の奉納物がまとまって出土することになった。

粘土製女性小像

ジャバル・アル＝ゼイトで出土した新王国時代の奉納物で注目されるのは、高さ二〇センチ前後の粘土製女性小像である［図5-13］。女性は直立姿勢をとっていることが多く、頭部および頭髪、胸部、腰部（陰部）が強調された裸体表現になっている。保存状態がきわめて良好で、細紐と粘土粒やファイアンス製ビーズでつくられた頭髪が残るものやビーズの装身具を身につけたもの、亜麻布に包まれたものなどが三〇〇点ほど出土している。[26]

こうした女性小像はジャバル・アル＝ゼイト以外にも、ディール・アル＝バハリやヌビアのミルギッサ、シナイ半島のサラビト・アル＝カーディムといったハトホル女神の聖域で出土しており、G・ピンチはそれらを六タイプに分類し考察している。[*27]

女性小像は女性性を強調する造形になっており、副葬品として墓からも出土するため、かつては「死者の花嫁」とも呼ばれ、死者の性的衝動を高めて再生を助けるものという見方があった。しかし、女性や子どもの墓からも出土することから、このような説明では不十分であることは明らかだった。

ピンチは、子どもを抱えている例やベッドに横たわっている例もみられることをふまえ、奉納物としての女性小像は子どもの受胎から無事な成長まで、幅広い祈りに対応してくれるものだったと解釈している。墓の副葬品としての役割も、この解釈の延長で理解することができる。つまり墓では、死者の再生（来世での二度目の誕生）を助ける役割を果たしたと考えることができる。

さて、ジャバル・アル＝ゼイトやサラビト・アル＝カーディムは鉱山であり、派遣された遠征隊のメンバーは基本的に男性と考えられる。ナイル河流域におけるハトホル女神への奉納行為が女性とつながりが深かったことを考えると、こうした鉱山での奉納行為がどのような意味をもっていたのかはとくに興味深い。

図 5-13　粘土製女性小像
（ジャバル・アル＝ゼイト出土、新王国時代、高さ 22.4 cm）

カルナクのムウト神殿から出土した粘土製女性小像を研究したE・A・ワラクサは、この資料がピンチの解釈にとどまらない役割をもっていたことを明らかにしている。ムウト神殿で出土した女性小像は、すべて胴体の部分で破損していた。より強度の低い首などの部位ではなく胴体で折れていることから、これは意図的な破壊と考えられた。[*28]

腹痛のためのある呪文には、「粘土の女性像に対して唱えられる言葉。彼が腹のなかで苦しむことであればなんでも、苦痛は彼が癒されるまで彼からイシス像に送られるだろう」という言葉が添えられている。[*29]こうした呪文の存在から、女神と結びついた女性像に「悪いもの」を移して壊すことで問題が解決できるという、日本の「カタシロ」を用いる儀式に似た発想が、新王国時代にあったことがうかがわれる。

ジャバル・アル゠ゼイトの女性像は、完形のものと破損しているものの両方が出土している。後者はムウト神殿にみられるのと同様に胴体で折れている傾向があり、鉱山での滞在中に体調を崩した人のために、女性小像を用いた癒しの呪術がおこなわれていたことが推測できる。

G・ピンチは女性小像の多くはナイル河起源の粘土（ナイル・シルト）で製作されているとし、ナイル河流域の神殿などで入手されたものが鉱山に持ち込まれていたと考えた。[*30]近年報告されたジャバル・アル゠ゼイトの女性小像の胎土分析では、サンプル間でかなり似通った組成の粘土が使われていることが明らかになっており、[*31]エジプト各地ではなく、同じ地域の粘土が使われた可能性が浮上している。そのため現時点では、遠征隊の男性が自身や家族の健康を願って現地で製作されたものを使った場合と、家族（の女性）から託されたものを女神に捧げた場合の両方があったと推測する。いずれにしても鉱山のハトホル女神は、鉱夫たちの守護者だっただけでなく、ナイル河流域と同様に女性や子どもの守護者でもあったということだろう。

ミルギッサのハトホル女神信仰

エジプトの南に隣接するヌビア地域は、古代エジプト王国にとって重要な場所だった。ナイル河東岸の岩砂漠にいくつかの金鉱山があったほか、象牙や黒檀を獲得するためのアフリカ交易のルートだったからである。この地方を実効支配するために、第一二王朝の諸王はいくつもの要塞をナイル河岸に建設した。そのひとつが第二急湍《きゅうたん》に位置するミルギッサの要塞である。

ミルギッサ要塞は中王国時代に建設された要塞のなかでも最大のもののひとつで、整然と区画された四万平方メートルの居住域を、空堀と高さ一〇メートルを超える二重の防御壁がとりかこんでいた。第一八王朝中期、この居住域の北西隅に「ミルギッサの女主」の形容辞をもつハトホル女神の祠堂が建立された。この祠堂は新王国時代のあいだ、ミルギッサに住む幅広い身分の人々が祈りを捧げ、奉納をおこなう場になっていた。

ミルギッサのハトホル祠堂は、その北側に位置する神殿の境内に建てられており、吹き抜けの前庭から入る至聖所は、奥行一・一メートル、幅三・二メートルしかない小さなものだ［図5-14］。しかし、ここからはさまざまな素材でできた碑板一二点のほか、バスケットに入った食物の残滓、土器に収められた装身具や護符などが多数出土した。また至聖所の堆積土には植物の枝や葉が多量に含まれ、花

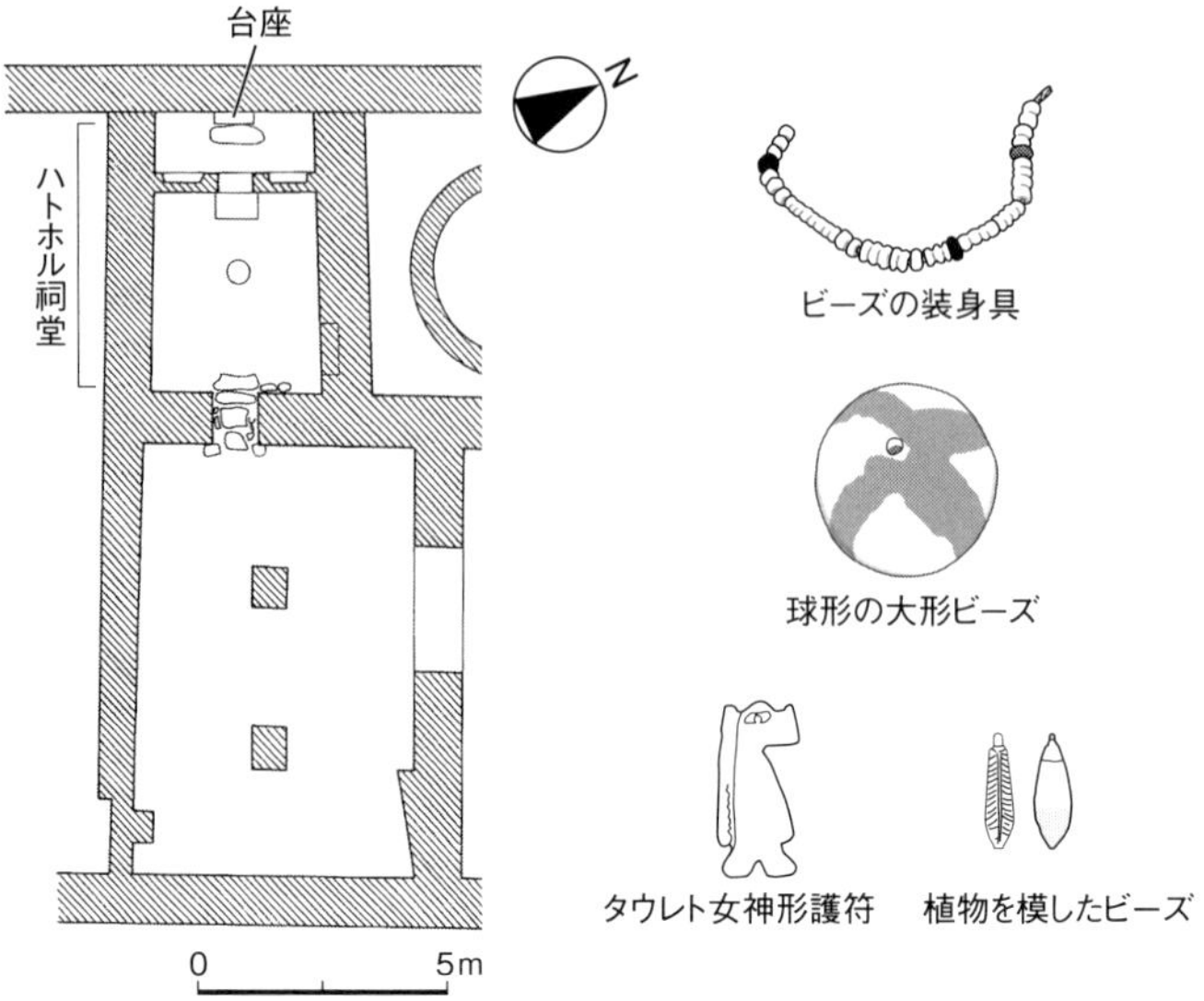

図 5-14　ミルギッサのハトホル祠堂と奉納物

輪や花束も捧げられていたことが推測できる。[*32]

至聖所の奥壁中央には日乾レンガと花崗岩でできた台座がすえられており、かつてはここに神像か碑板が安置されていたと考えられる。台座の脇からは壁に立てかけられた状態で三点の石碑が出土し、至聖所が大きな攪乱を受けることなく、奉納が最後におこなわれた時のまま保存されていたことがうかがわれる。

このミルギッサの奉納物は、ほかのハトホル女神の聖域とは少し異なる様相を示している。メナトや女性小像といったハトホル女神への標準的な奉納物も数点認められるものの、大半を占めるのはファイアンス製のビーズや指輪、護符といった小物なのである。

こうした小物類はディール・アル＝バハリなどでも出土しているが、それには王名を記したものが一定数含まれており、神殿の工房で奉納用に製作されたものと考えられている。しかし、ミルギッサの場合は王名を記したものは二点のスカラベだけで、ほかは集落域でみられるごくありふれた装身具類である。G・ピンチは、ミルギッサにおける奉納行為は、庶民が身につけていたものを捧げにくるという、この土地独自のものだったのではないかと推測している。[*33] 奉納物はそのためにつくられたものを使うという規範に縛られない自由で素朴な奉納が、エジプトの遠隔地でおこなわれていた可能性を示す資料とみることができる。

4　動物崇拝と動物墓地

聖獣と動物ミイラ

末期王朝時代：第二六王朝に、エジプトでは「動物崇拝（animal cults）」という新しい形態の信仰がはじまり、ヘレニズム・ローマ時代にかけて隆盛をきわめた。この信仰の中心的な奉納物になっていたのは動物のミイラだった。

古代エジプトには地上における神の力の顕現、あるいは神のバアの「器」として、特定の動物を神聖視する長い伝統があった。たとえば新王国時代の『天の牝牛の書』では、オシリス神のバアとして東デルタのメンデスのヒツジが、セベク神のバアとしてワニが言及されている。[*34]

聖獣には神によって選ばれたあかしとなる、身体的特徴があると考えられた。ヘロドトスはメンフィスの聖域で飼われていた聖牛アピスの外見について、「それは黒牛であるが、眉間に四角の白い斑点があり、背には鷲の形をした模様が浮き出て、尾は毛が二重に生え、舌の裏に甲虫のような形をしたものがついている」[35]と述べている。

聖牛アピスは第一王朝の史料に早くも登場し、「すべての神聖な動物の王」の形容辞をもつ聖獣の頂点に位置する存在だった［図5-15］。メンフィスのアピスのほか、ヘリオポリスのムネヴィスやアルマントのブキスといった有力な聖獣は「即位の儀式」で神殿に迎えられ、祝祭では人々の前に姿をあらわし、神の化身として神託も下した。そして死ぬと王やエリート層のように正式な葬儀がおこなわれ、専用の墓に埋葬された。

こうした聖獣の墓としてもっともよく知られているのは、サッカラに造られたアピスの集合墓（カタコンベ）のセラペウムである。セラペウムの造営は第一九王朝・ラメセス二世治世下にはじまり、プトレマイオス朝まで歴代のアピスが葬られた。長いトンネルの左右に巨大な石棺が安置された部屋がならんでおり、棺の重厚なつくりが見る者を圧倒する。

末期王朝時代のサッカラでは、アピスに加えてアピスの母牛、ハヤブサ、トキとヒヒ、イヌ、ネコのカタコンベが建設された。ただし、こうした後期のカタコンベに葬られたのはアピスの母牛をのぞいて聖獣ではなく、奉納用にミイラにされた動物だった。

図5–15　聖牛アピス像
（末期王朝〜プトレマイオス朝、青銅製、高さ10.8 cm）

奉納物としての動物ミイラ

奉納用のミイラにされた動物たちは、聖獣と同種ではあるが、聖獣のような特別なしるしをもたない「普通の」個体だった。

サッカラのトキのカタコンベでは、高いところで四メートルほどの高さがあるトンネルの天井近くまで、ミイラの入った土器がびっしりと積み上がっており、四〇〇万羽のミイラが収容されていたと試算されている。[*36] かりに第二六王朝のはじめからエジプトの多神教が禁止された紀元四世紀末まで、一〇六〇年のあいだミイラの奉納が続いたとすると、一年に三七七〇羽のトキが必要になったことになる。これは野生の個体を捕獲してまかなえる数ではないだろう。

事実、トキのカタコンベにほど近いサッカラ北部には、神殿によって運営された大規模なトキの飼育施設があったことがわかっている。ほかの動物についても、需要に対応できる規模の繁殖がおこなわれていたことはまちがいない。

大英博物館などに収蔵されているネコのミイラの調査では、すべてが生後二か月から一年未満の個体で、人為的に殺されていることが明らかになっている。[*37] 病気やケガの治療がおこなわれた形跡のある個体も確認できるものの、全体として奉納ミイラ用の動物がていねいに扱われていた印象は薄い。

動物たちはある程度の大きさになるまで飼育されたのちに、ミイラにする工程にまわされていた。

動物ミイラの生産は、かつてない規模で流れ作業的におこなわれた一大宗教産業だったことがうかがわれる。

一九世紀後半から二〇世紀初頭にかけてエジプト各地で掘り出された膨大な数の動物ミイラは、ヨーロッパや北米に運ばれていき、そこで過酷な運命にさらされることになった。砕かれて畑の肥料にされたり、石炭がわりに蒸気機関の燃料として燃やされたりしたのである。博物館や好事家の目にとまったごく一部が所蔵品になり、かろうじて破壊をまぬがれた。現在私たちが目にするのは、このようにして生き残った奉納用ミイラであることが多い。

動物ミイラのあつかい

祈願のためにサッカラにむかう人々は、メンフィスなど近隣の町やカタコンベのある神殿で奉納物を入手したと考えられる。奉納物には古くからの定番である石製碑板とともに、末期王朝時代に特徴的な質の高い青銅製の神像や祭具も数多くみられる。だが圧倒的に多いのは、土器や小形の木棺に収められた動物のミイラである。

サッカラで出土する動物ミイラは先述した動物のものが中心だが、ヘビ、トガリネズミ、スカラベなど他の種もみられる。奉納された神像の多様さからも、動物崇拝では神殿の主神だけでなく、さまざまな神への祈りが受容されていたことがわかる。

同時代の人間のミイラと同様、奉納用の動物ミイラにはグレード（価格差）があったと考えられる。ただそれは、人間のミイラ製作でみられるような遺体の処置の差ではなく、布を巻く「包装」のていねいさやミイラマスクの有無、青銅製や石製の棺を使用するかどうかといった、見栄えのちがいによるものだったようだ［図5-16］。

X線調査された動物ミイラのなかには、不思議な画像を示すものがあった。外見はほかのミイラと変わらないのに、なかに一部の骨しか入っていないもの、別の小動物の遺体が入っているもの、さらにはなにも入っていないものまで確認されている。これらは明らかに、ミイラの製作で不正がおこなわれていたことを示している。つまり、中身を偽った奉納用ミイラが提供されていたのである。参拝者は神殿のスタッフによるこうした不正を知らずに、ミイラを入手していたことになる。

参拝者によって奉納された動物ミイラは、いったん「待機の家（アウィ・エン・ヘレリ）」という名の施設に収容された。そして年に一度、神殿でおこなわれた祝祭の期間に、「休息の家（アウィ・エン・ヘテプ：カタコンベ）」にまとめて移動された。[*38] 参拝者は入手したミイラを神官に託し、その後の顛末をみないままに神殿をあとにする場合もあったということである。カタコンベへの埋葬の際には、動物ミイラに対して口開けの儀式がおこなわれた。

口開けの儀式は、死者が冥界で活動するために必要な五感を回復する儀式で、葬儀に不可欠な要素だった。この儀式がおこなわれたということは、動物ミイラが冥界で活動できたことになり、そこには奉納者の願いを神に届けるという役割がこめられていたと考え

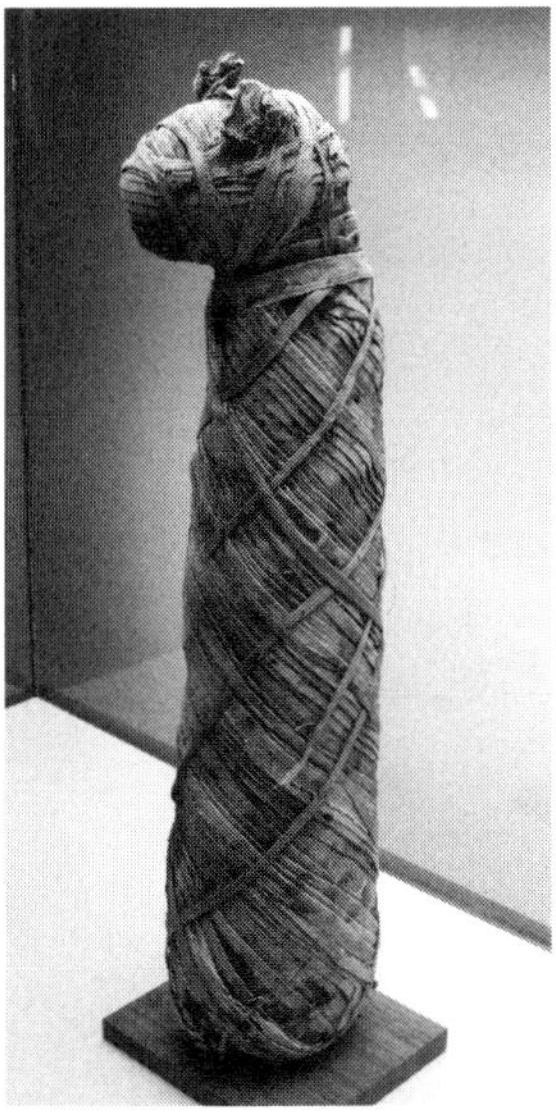

図 5-16　ネコのミイラ
ローマ時代には見栄えをよくするために、手の込んだ包帯の巻き方が発達した。（ローマ属州時代）

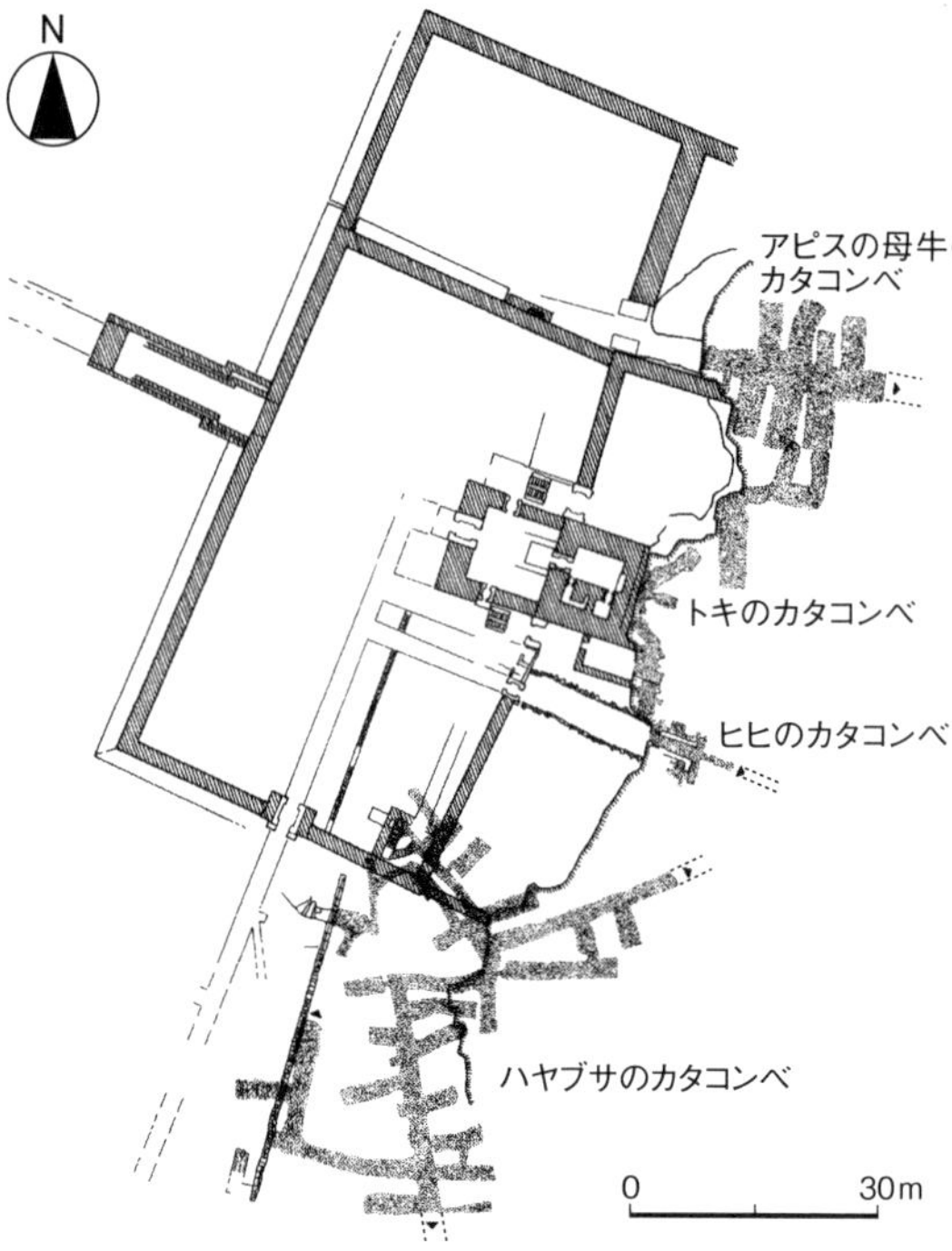

図 5–17　サッカラの動物墓地

られる。[*39]
　ミイラにされた個体それぞれに名前がつけられることはなかったが、集合的に神と呼ばれた。サッカラのヒヒの場合は、飼育場で神託をおこなうこともあったことがわかっている。動物崇拝のなかで聖獣と奉納用動物の境界が曖昧になっていた様子がうかがわれる。

サッカラの動物墓地

　サッカラに建設された末期王朝時代のカタコンベは、それぞれイシス女神（アピスの母牛）、ホルス神および神格化された王（ハヤブサ）、トト神（トキとヒヒ）、アヌビス神（イヌ科動物）、バステト女神（ネコ）の神殿域に組み込まれていた［図5–17］。

　サッカラで動物崇拝が大きく発達したのは、ここが聖牛アピスの墓地として新王国時代以来の長い歴史をもっていただけでなく、聖人イムヘテプの墓の所在地であり、神格化されたこの人物の神殿が建立されたからでもあった。イムヘテプは知恵の神トトと関連づけられ、病気治癒の力をもつ存在として広く信仰された（第1章2の「聖人崇拝」参照）。トト神の聖獣であるトキやヒヒを対象にした宗教行為を、イムヘテプの聖域で展開することは理に適っていたのである。また、ホルス神は王の守護者で、当時、権威の強化を目指していた王にとって重要であり、アヌビス神はミイラ製作をつかさどり死者を守護する点で、古くからの墓地であるサッカラと親和性があった。いずれもサッカラに神殿をかまえるだけの理由があったのである。

動物崇拝と嘆願

イムヘテプは病気治癒の力をもつだけでなく知恵の神でもあることから、病気以外の問題に対する助言を与えてくれる存在としても人気を集めており、さまざまな嘆願が書かれた亜麻布やパピルス、土器片がカタコンベおよび神殿域から出土している。争いごとの解決を願う文章が書かれたある亜麻布は、上端に木の棒が十字に結びつけられており、神の目につくように日乾レンガの壁に差し込まれていたと考えられている。[*40]

プトレマイオス朝時代になると神殿域で夜を過ごし、夢のなかで神のお告げを授かる行為がさかんになった。神殿域周辺には夢解きをする「呪術師」たちが何人もいて、参拝者はときには複数の呪術師に相談して神のメッセージを読み解いてもらった。[*41] 文字で書いた嘆願を残せたのは限られた人々だっただろうが、夢見については誰もがおこなうことができたと考えられる。プトレマイオス朝時代には庶民と神の接触が、より自由になっていたことがうかがわれる。

動物崇拝の社会背景

古代エジプト王国の終わりが近づいてきた末期王朝時代に、動物崇拝という祈りのかたちが興隆した背景には、当時の社会状況が密接に関係していたと考えられる。

この時代、エジプトは新アッシリアやアケメネス朝ペルシアの支配を経験し、国土の維持もままならない状態がたびたび訪れた。自分たちの生活が脅かされていると実感したエジプト人は多かったのだろう。それに加えて、文化面でも脅威にさらされているという感覚があったことが、ヘロドトスの伝えるエピソードから読みとれる。

ヘロドトスによると、ペルシア王カンビュセスは動物に神性をみるというエジプト人の伝統をさげすみ、聖牛アピスに切りつけて死にいたらせたという。[*42] カンビュセスを含むペルシア支配時代（第二七王朝）の王たちが、実際にエジプトの神々を迫害したという証拠はない。にもかかわらず、こうしたエピソードをヘロドトスが耳にしたという事実は、エジプトの宗教がないがしろにされているという不満が、エジプト人のあいだにくすぶっていたことをうかがわせる。つまり、社会不安の時代に、神に直接祈りを届ける手段として、またエジプトの伝統文化が抑圧されたという感覚の反動として、動物崇拝は人気を博したと考えられるのである。

末期王朝時代からローマ属州時代にかけて、動物崇拝はエジプト全土でおこなわれ、各地に動物のための墓地が設けられた。とくに王の支援をえた動物崇拝がおこなわれたサッカラや中エジプトのトゥーナ・アル＝ジャバルでは、総延長が数百メートルにもなる大規模なカタコンベが地下に建設された［図5–18］。より小規模な動物崇拝の場では、放置されていた古い墓や野外の特徴的な場所に動物ミイラを埋納することもおこなわれた。

後者の例として、早稲田大学の調査隊がアメンヘテプ三世の儀式用建物を発見した、テーベ西岸の「魚の丘」があげられる。この名称からわかるように、ここは魚のミイラがみつかる場所として現地の人々に知られていた。

礼拝施設をともなわない魚の丘のような事例も含めると、ヌビア地域北部から地中海沿岸部にいたるおよそ一二〇か所で動物墓地が確認されている。[*43] 実際、プトレマイオス朝の史料には「（トト神による）トキへの恩恵は、エレファンティネ島からセマ・ベヘデト（東デルタのテル・アル＝バラムン）の祠堂におよぶ」[*44]という記述がみられ、全土に動物崇拝が広がっていたことがうかがえる。

奉納行為の意味

王朝時代の全期間を通して、古代エジプトの奉納行為の証拠は豊富にみられる。だが、それぞれの奉納にどんな願いが込められていたのかは、必ずしも明確ではな

図5–18　トゥーナ・アル＝ジャバルのカタコンベ
動物ミイラを安置する多数の壁龕が穿たれている。右壁手前の龕には小さな白い石棺がみえる。

い。奉納物に記されているのは定形的な文言にとどまるものが多く、嘆願の内容を知ることはむずかしい。

R・ブスマンはこのような史資料の傾向から、奉納行為の一番の目的は神に捧げものをする行為そのもので、その行為者が誰であるかを明示する（姿を描いたり、名前を記したりする）ことだったとしている。[*45] つまり、具体的な願いの有無は問題ではなく、神への信心を示す自身の存在をアピールすることが重要だったというのである。このような動機でおこなわれた奉納では、嘆願に応じて奉納物を選ぶのではなく、その時点で入手可能なものを使うという行動パターンになったとブスマン主張している。

確かに男性器形の石製品にハトホル女神への死後の帰属を願う銘文を刻んだ不思議な奉納物もあり、[*46] 入手可能な既製品が使われることはあったのだろう。だが、すべての奉納行為をこのような説明で片づけることはできないはずだ。一概にはいえないが、文字の記されていない具象的な小像には、そのかたちに込められた願いがあったように思える。その願いを理解するために、私たちは古代エジプトの図像がもつ意味をより深く知っていく必要がある。

第6章 呪術

1 まじないと呪術

古代エジプトの国家祭祀は世界秩序の維持と王の安定的な統治を祈願し、王国の繁栄を目的としたものだった。他方で、一般の古代エジプト人にとっての祈りは、個人的な願望を適え、日常生活のさまざまな不安を解消し、幸せに暮らすためのものだったといえる。こうした目的をもつ行為には、墓や家の祭壇で捧げられる祈りとともに呪術（まじない）があった。

古代エジプト人は呪術を「ヘカ」と呼んだ。ヘカは「カア（生命力）を駆り立てるもの」という意味をもっていたとされ、物事を動かす力と考えられていたことがうかがわれる。『コフィン・テキスト』二六一章によれば、ヘカは創造神が出現したときにその口から生じ[*1]、神はこの力を使って世界に具体的なかたちを与えていったという［図6-1］。つまり、本来ヘカは神々の術《わざ》だった。創造神はその力を、困難を避けるための武器として人間に与えてくれたのだと、教訓文学のひとつ『メリカラー王への教訓』が伝えている。[*2]

古代エジプト人の考えでは、道徳や倫理を守って生活している者は神の加護を得られるため、不幸な出来事や災難が降りかかることは本来ないはずだった。しかし、この世界には神に敵対して混沌に与《くみ》する存在がおり、それらに目をつけられることで不運に見舞われる可能性はつねにあると考えられたのである。

日常生活には危険が潜んでいるという認識が広く共有されていたためか、現存する呪文は魔除け・災難除けを目的にしたものがとても多い。その対象は、ワニや毒へビといった実在の動物から、冥界にいる魔物・悪霊まで幅広い。有害な動物や悪霊は偶発的な危険だったが、それ以外にも人々の生命が脅かされる出来事はいろいろ存在していた。たとえば重い病気や怪我、妊娠期間や出産の瞬間、ナイル河流域を離れて鉱物を獲得しに行く遠征や大規模建造物の建設現場への動員などである。[*3]

第二〇王朝のラメセス四世治世下におこなわれた東部砂漠のワディ・ハママート鉱山への遠征では、遠征隊員の一割以上がナイル河のほとりに戻って来ることができなかったという。[*4] 国家事業に駆り出

図 6-1　太陽神の船に乗るヘカ（左端）
（王家の谷、ラメセス 3 世王墓）

されているあいだは国が生活の面倒をみてくれるとはいえ、運が悪ければ自身の生命という高い代償を支払うことにもなったのである。こうしたさまざまな危険や不運を遠ざけて人生を全うするために、呪術による防御や予防は欠くことのできない要素だったといえる。

　呪術は、古代エジプト人の日常の願いに結びついている。呪術を通して、彼らがどんな不安を抱え、なにに苦しみ、あるいはなにを望んでいたのかをかいまみることができるのである。

日常のまじない

　霊柩車をみたときに親の早死を避けるために手を握って親指を隠すという行為は、私が子どものころには誰もが知っていたと思う。こうしたまじないは専門的な知識をほとんど必要とせず、ごく短い言葉や動作でおこなわれ、なんらかの素材が必要な場合も身のまわりのありふれたものが使われることが多い。

　この種の行為は考古学的には見出すのがきわめてむずかしいが、人々の日常をかたちづくる精神文化の発露として無視できない要素でもある。二〇世紀初頭に中エジプトの農村部で民俗調査をおこなったW・ブラックマンは、村人たちが日常的におこなうまじないや習慣の数々を紹介している。たとえば、邪視（悪意の視線）をむけられたと感じたときは、視線をむけたとおぼしき人物の背後に土を投げつけるという所作があり、また新生児の無事な成長を願う母親が、徳の高い人物から古着やその端切れをもらい、護符として赤ん坊のうえに吊るしておくという習慣がみられたという。[*5]

こうした行為はイスラーム教やコプト教の教義と必ずしも関連しておらず、古代まで起源がさかのぼるものもあったのかもしれない。その当否は置くとしても、古代エジプトでも簡単なまじないは身分や年齢性別を問わず共有され、日常的におこなわれていたのはまちがいないだろう。

呪術師たち

誰もができる日常のまじないとは別に、重い病気や怪我、人間関係のこじれといったより深刻な事態では、医師や呪術師といった専門家に助けを求めることもあった。そのような存在の印象的な例のひとつは、ディール・アル＝マディーナの史料に登場する「レケト（知る女）」と呼ばれる女性たちである。[*6]

レケトは癒やしの技術だけでなく、神の意思を解釈する能力をもつと考えられていたらしく、さまざまな相談がそのもとに寄せられた。たとえば職人ケンヘルケペシェフは、ある女性のふたりの子どもが亡くなったのは、定められた運命だったのか偶然の不幸だったのかを尋ねている。先天的に強い「霊感」をもつ人がレケトになったのか、それとも特定の技術や知識を身につけた人がレケトになったのかはわからない。

レケトは新王国時代のテーベ西岸でしか確認できない存在で、こうした女性の「賢者」はエジプト社会全体では一般的でなかったのかもしれない。ただ、性別は別にして、おそらくどの集落にもレケトのような存在がいて、住民たちの問題解決のよりどころになっていたことは十分に考えられる。

W・ブラックマンは二〇世紀初頭の中エジプトに、住んでいる村のはるか遠方から呼び出されて旅をする呪術師たちがいたことを紹介しており、[*7]古代にも同じような動向があったことを想像させる。第2章でみたように、神官は輪番で神への奉仕をおこなう者が多く、他の仕事を兼務することがめずらしくなかった。神官が兼務する仕事は多岐にわたっていたが、とくに朗誦神官は医療や呪術にかかわる者が多かった。[*8]

彼らは医師の治療に立ち合って呪文を唱えることもあれば、みずから医療行為をおこなう場合もあった。神殿でも祈禱文の朗誦を専らとし、神殿の文書室である「ペル・アンク（生命の家）」に出入りしてさまざまな文書・記録を閲覧できる朗誦神官は、神殿の外でもその権限と能力を活かしていたのである。

ペル・アンクなどに所蔵されていた呪術文書（およびその写し）の一部は現存しており、私たちはその内容から定式の呪文や呪文にともなう処方を知ることができる。パピルスに記録された呪文は神官や医師が使い効果を認めたものと考えられており、なかには「数え切れないほど繰り返しおこなわれてきた、優れた方法なり」という言葉が添えられているものもある。ただし、呪文は強い力をもっており、乱用すべきでないという考えも存在していた。少なくとも一部の呪文は識字者の専門家が扱うべきものとみなされていたことが、「それを一般人（あるいは他者）に明かしてはならない。（それはペル・アンクの真の秘密である」[*9]という呪文の但し書きからうかがえる。いずれにしても庶民は文字が読めなかったので、呪術文書の内容を一言一句たがえずにまねることはむずかしく、「正式な」呪術が必要なときには識字者の専門家を頼る必要があった。

呪術師のなかには庶民と生活をともにする非識字者もいたはずで、彼らは口伝によって継承された民間の呪術をおこなっていた。文字に書きとめられた呪文と異なり、こうした呪術は望んだ効果を求めて改良され、また時とともに変化していく性質のものだったといえる。

庶民の生活に密接に結びついた呪文も少なからず呪術文書にみられることから、民間の呪術のなかにも効果が認められて識字者によって記録されたものがあったと考えられる。だが、記録されることのなかった呪術が数多く存在していたのも確かだろう。墓壁画の「日常生活」の場面には魔除けの言葉やジェスチャーが描写されていることがあり、日常の呪術の一端をかいまみることができる［図6-2］。

図6-2　牛を守るジェスチャーをする男
右手の人さし指を突き出し、呪文を唱えている。（サッカラ、ティの墓）

呪術のための素材

簡単なまじないは別として、古代エジプトの呪術は呪文の詠唱だけで完結することは少なく、なんらかの素材に言葉の力を込めて効果を発揮させる場合が多かった。

使われる素材には金の粒や貴石など高価なものや希少なものから、アシの茎のようなありふれた身のまわりのものまで、じつにさまざまなものが登場する。それらの素材には神話のエピソードや信仰上の通念にもとづいて使われるものもあれば、もの自体がもつ性質、つまり色や形、味や匂いに意味が見出されて使われるものもあった。

呪文の言葉や呪文に登場する神の姿を描く媒体としては、良質な（新品の）亜麻布やパピルス紙が指定されていることが多い。インクも新しいものが望ましかった。これは施術の前に別のものに汚染されていない媒体を使うことが重要だったことを物語っている。[*10]ただし、新品の亜麻布は高価だったため、布をパピルス紙の小片で代用し、そのパピルスも新品ではなく、裏紙が使われている事例がしばしばみられる。術者あるいは依頼人の経済状況によって、入手できるもので妥協することが少なくなかったわけである。呪文や図像が記された布やパピルス紙は、撚ったり折り畳んだりして護符として身につけることが多かった。

呪術ではしばしば神や人間の小像がつくられたが、その素材には粘土、蜜蠟、パン生地といったものが使われた。神話によれば、人間はクヌム神が粘土から生み出したとされる。このエピソードに象徴されるように、ナイル河の堆積土を起源とするナイル・シルトは、それ自体が生命力を帯びた物質と考えられた。したがってこの素材は、呪術用に限らず小像をつくる素材としてよく使われた。粘土でつくられる小像は窯に入れて焼成したものと焼成していないものの両方があり、いずれも呪力を込めて護符やカタシロのように使われる場合もあれば、呪詛《じゅそ》に用いられて壊されることもあった。

蜜蠟（および蜂蜜）は太陽神の涙から生じたもので、神の力を帯びた物質とみなされた。[*11]軽く熱を加えることで容易に形を変えることができ、人間の皮膚に似た質感をもつことも、呪術に適した素材と考えられた理由のようだ。

ミイラ製作の場でも、内臓を摘出した遺体の切開部を覆う素材として蜜蠟が使われることがあった。第三中間期以降は墓に副葬する神の小像を蜜蠟でつくる例もしばしばみられるが、呪術の場では破壊するための小像の製作に使われることが多かった［図6-3］。

破壊を目的とする小像の製作では、パン生地が使われることもあった。蜜蠟の小像は火に、パン生地の小像は水に入れて溶かされ、それによって呪術の対象となるものが滅ぼされると考えられたのである。[*12]

動物や植物に由来する素材のいくつかは、おそらく先王朝時代から薬効が認められて利用されてきたと考えられる。それに観念的な意味づけがおこなわれ、動物であれば地上において神の力を体現する存在、植物であればナイル河の生命力や豊穣性を体現する存在という意味が加わって、呪術に用いられるようになったのだろう。

呪文のなかには鳥の羽根や動物の毛、骨や内臓、糞、魚の背びれなど、また植物の茎や芽、種、特定の木でつくった道具などが登場する。こうした素材の記述には、ときに隠語が含まれていることも知られている。たとえば「ネズミの尻尾」は言葉どおりの素材ではなく、ゼニアオイという植物を指

図6-3　蜜蠟製の神の小像
この像はおそらく副葬用につくられたもの。（第3中間期？）

すことがヘレニズム時代の呪術文書で明かされている。[*13] ただ、すべての隠語が解明されているわけではないため、古代エジプトの医術や呪術で用いられた素材を把握することは見た目ほど簡単ではない。

植物由来の素材として呪術に欠かせないのは樹脂である。少なくともプトレマイオス朝時代には、樹脂は蜜蠟と同様、神々の涙から生じた物質と考えられた。おそらく涙形で木の表面に滴《したた》ることが、発想のもとになったのだろう。樹脂には没薬や乳香といった薫香が含まれ、すでにみてきたように神殿儀礼のなかでも重要な役割を担っていた。薫香の香りは神の体臭であるのと同時に魔物や悪霊が嫌うものとされたので、不可視の有害な存在を遠ざけるのに適していた。こうした効力に持続性をもたせるため、樹脂は呪文を書く際のインクに混ぜられたほか、樹脂そのもので護符がつくられることもあった。

なお、呪文に言及されることはほとんどないが、イシス女神がラー神の唾液を使って呪術をおこなったという説話から、特定の人物を対象にした呪術では、その人物の身体から得たものが必要だったことがうかがわれる。王に専任の理髪師やマニュキリストがいたのは、毛髪や爪が悪用されないためでもあったのだろう。[*14]

呪術の実施

呪術のなかには、月の満ち欠け（新月・満月）、日の出や日没など、おこなうタイミングが指定されているものがあった。また、吉凶カレンダーを参照して実施日や時間が決められる場合もあったようだ。中王国時代に成立したと考えられる吉凶カレンダーは、一年間の一日ごとに、くわしいものでは一日の朝夕夜の吉凶を列挙したものである。吉凶の根拠は、その日の神々の活動によって示されている。

たとえば『カイロ・カレンダー』の名で知られる史料では、「増水季一月四日　吉吉凶。この日にはそこでなにもしてはならない。ハトホルが執行人たちとともに河の流れを支配しようと出発する日である。したがって、神々はむかい風の中を移動することになる。この日は舟で航行してはならない」といった記述がみられる。*15

実社会における吉凶カレンダーの影響力はそれほど大きなものでなく、現代の星占い程度の扱いだったと考えられている。ただ、神々に助力を求める呪術の場合は、効果をより確実なものにするために吉日を選ぼうという思考が働くのもうなずける。

神々やアクに働きかけるという行為の性格を考えれば、呪術の実施者も儀式に臨む神官と同様、事前にナイル河で身を清め、清浄さを示す衣服を着用したはずである。そして神殿儀礼と同様に、施術の場は水と香で清められ、地面はほうきでていねいにならされた。場合によっては混じり気のない綺麗な砂が敷かれることもあっただろう。*16 呪文のなかには地面に神の姿を描くという行為をともなうものもあり、神やアクをその場に招くために場の清浄さが不可欠という認識があったのはまちがいない。

呪文を唱える際には、決まった姿勢や身ぶりがあったと考えられる。呪文自体は言葉の力を正しく発動させるために、一言一句正確に発音することが必要だった。『天の牝牛の書』はこの宗教文書を唱える者の舌に、新しいインクでマアト女神の姿を描くことを求めている。*17 これも発せられる言葉に真の呪力をもたせる手段のひとつだったといえる。また同じ言葉の繰り返しや神々同士の会話の体裁をとる呪文がしばしばみられることから、淡々と唱えるのではなく、歌や台詞のようにリズムや抑揚をつけて発声するものだったことも推測される。

専門の呪術師ともなれば、施術の効果を高めるための特別な杖や、カルトナージュ製の仮面［図4-11参照］などの祭具を用いることもあった。テーベ西岸のラメセウム（ラメセス二世葬祭殿）の一隅でみつかった中王国時代後期の竪坑墓からは、呪術との関連がうかがわれる品々がまとまって出土している。「呪術師の墓」と通称されるこの墓は大規模な盗掘を受けており、墓室に被葬者の手がかりはなにも残されていなかった。しかし、略奪者たちの目を逃れた竪穴基底部の堆積土から、木箱に入ったパピルス文書二四点、束にした未使用のイグサ製ペン一一八本、「出産の牙」と通称されている骨製品四点、骨製クラッパー（拍子木）二点、木製やファイアンス製の小像、コブラ形の青銅製杖などが発見された*18［図6-4］。

コブラ形の杖は、王の魔術師が杖をヘビに変える旧約聖書の「出エジプト記」のくだりを思い起こさせるが、実際のところ出産の牙やクラッパー、杖や仮面といった道具類が儀式のなかでどのように使われたのか、くわしくはわからない。ただ、壁画では儀式の場面にこれらの道具が登場することから、祭具としての性格をもつことは明白である。墓から出土したパピルス文書のうち一五点は医術や呪術に関するもので、これも持ち主の社会的役割を反映していると考えられる。墓の被葬者が特定できないのは残念だが、呪術用具の実資料として「呪術師の墓」の出土遺物は貴重である。

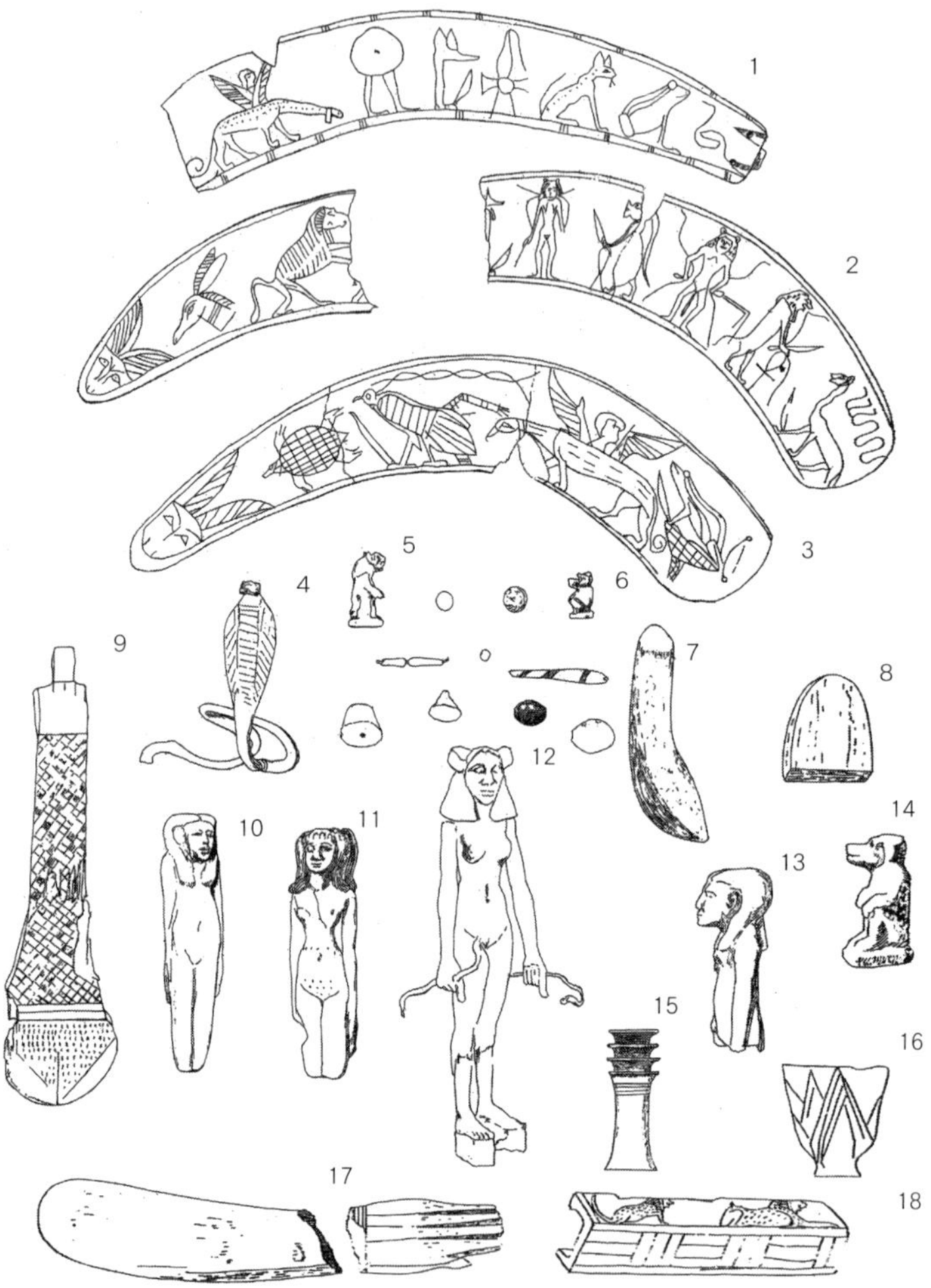

図 6-4　「呪術師の墓」の出土品
1～3：出産の牙、4：コブラ形杖、5：ライオン小像、6：ヒヒ小像、7：瓜の模型、8：パピルス紙の磨き具、9～14：呪術用小像、15：ジェド柱模型、16：小杯、17：クラッパー、18：呪術棒の一部

2　自然の脅威と呪術

自然環境と危険な動物

エジプト・アラブ共和国の首都カイロは、ヨーロッパの主要都市にも負けないほどの大都会である。しかし、郊外に一時間も車を走らせると、ナツメヤシが立ちならびスイギュウが草をはむ田園風景が目の前に広がってくる。エジプトの田園風景は周囲が砂漠でかこまれていることを忘れさせるほど、緑と水に満ちている。

この風景をつくり上げているのは、古代以来開かれてきた、ナイル河の水を畑地に導くいくつもの運河・水路の存在である。こうした水場は飲み水や洗濯など生活用水を提供する場所でもあり、また漁労や鳥打ちの場にもなってきた。夏場には、いまでも運河に飛び込む子どもたちを目にする。

のどかなナイル河流域の風景を目にすると、古代の様子を想像せずにはいられない。ただし、現代と同様の田園風景が王朝時代にも広がっていたわけではない。古代エジプト王国の人口は、国外に広大な領土を獲得して繁栄した新王国時代でも三〇〇万人ほどと試算されており、これは現在のエジプト・アラブ共和国の四〇分の一程度である。

はるかに少ない人口が流域に点在する町や村に集まっていたことを考えれば、人の手の入らない土地が各地に残っていたのはまちがいない。王朝時代のあいだにそうした土地が開発され、人の住む領域は広がっていった。

このような自然環境の改変のなかで、人類がそこに生息していた野生動物の脅威にさらされることはめずらしくない。古代エジプトもその例外ではなかった。たとえば古代の牧夫たちにとって、豊かな水の流れはやっかいな場所でもあった。家畜を放牧地に連れていく際には、腰まで水に浸かって大きな水路を渡らなければならないこともあったが、そこにはワニが潜んでいるかもしれなかったからである。人がワニに水のなかに引きずり込まれて命を落とす話は、文学作品にもしばしばみられる。ナイル河とともに生きる古代エジプト人にとって、ワニが日常の脅威のひとつだったのは確かだろう。

牧夫たちのまじない

牧夫の頭《かしら》は水を渡る際、持っている棒や人差し指で水面を指差しながら、こんなまじないの言葉を唱えた。

おお、そこの牧夫よ。お前の顔が水中にいるこの沼地の生き物に対して油断なくあるように。これら（の家畜）がこの沼地の住人のもとに行くことなく、彼《か》のものが盲《めし》いたもののようであるように。お前の顔が彼《か》のものに対してとても用心深くあるように。*19

呪術文書には「水の歌」と呼ばれる一連の呪文がみられる。これらは牧夫だけでなく、水を渡る誰もが必要とした水難除けだった。簡便な方法は守る対象や脅威の対象を指差して呪文を投射するというものだったが、より手の込んだ方法には粘土で卵形の玉をつくり、それに呪文を唱えて水夫に持たせるというものもあった。[*20] 粘土の卵を持った水夫は舟の舳先に立ち、行く手になにか危険（たいていはワニかカバだっただろう）があれば、卵を水に投げ入れた。水に落ちた卵から呪力が解放され、危険が除かれると考えられたようだ。

水路を無事に渡り、放牧地にたどり着いた牧夫と家畜たちも、それで安全というわけではなかったらしい。「ライオン、ハイエナ、尾を上げ肉を喰らう、すべての野生動物たち」の口を閉じさせるために放牧地に対して唱える「牧夫のまじない」の存在が、肉食獣に襲われる可能性があったことを示している。[*21]

王朝時代のナイル河下流域は現在より湿潤で、砂漠の縁辺部や涸れ谷は草原になっていたところもあり、大型の哺乳動物もまだ生息することができた。しかし、徐々に進む乾燥化と人間の開発よって草食動物が数を減らし、肉食動物は餌の獲得に苦労するようになっていったのではないだろうか。ライオンやハイエナはかつてのニホンオオカミのように、家畜を襲うやっかいな存在とみなされるようになっていったのかもしれない。「牧夫のまじない」は、そんなことを想像させる史料である。

解毒のまじない

牧夫と同様に緑地帯で仕事に励む農民たちや、砂漠のなかの採石場や墓の建設現場で働く職人や労働者たちには、大型の肉食動物とは別の脅威もあった。それは毒をもつヘビやサソリである。

古代エジプトの毒ヘビといえば、なんといってもコブラがイメージされるだろう。コブラは砂漠よりも緑地を生息域とし、そこに棲む小動物を餌に暮らしている。したがって農民や牧夫をはじめとする古代エジプト人にとっては、日常的に出会う可能性がある脅威だったといえる。現在でもサトウキビ畑に潜むコブラについて注意を受けることがあるが、遺跡の調査者にとってさらに怖いのは、砂漠に棲むスナヘビ（デザートヴァイパー）である。真偽のほどは不明だが、スナヘビにはコブラと違って血清がなく、嚙まれたら終わりという話をかつて聞かされた。私も調査中に何度かスナヘビをみたことがある。ただし、それらはすべて頭のない死骸だった。エジプト人の作業員はこのヘビの怖さをよく知っていて、みつけるとすぐに捕まえて頭を落としてしまうのだ。その手際はじつに見事である。

サソリは砂漠の岩陰や日乾レンガの隙間に潜む脅威である。エジプトのサソリは淡いレモン色や水色をしており、砂地ではなかなかみつけにくい。現地調査に参加しはじめたころ、刺されても四〇度くらいの熱が数日続くだけだから大丈夫と、脅しとも気休めともとれない説明をされた記憶がある。これが事実だとしても、体力のない子どもや高齢者には致命的な怪我になりえただろうし、丈夫な成人であっても体に大きなダメージを被《こうむ》ることになっただろう。

現代の農村部のエジプト人と同様、古代エジプト人たちも危険な小動物に対してすばやく対処する

の解毒の呪文が残っていることからも明らかである。

すべを身につけていたにちがいない。それでも不測の事態は避けられなかった。ヘビに嚙まれた際の対処を記したパピルスには、[*22]二一種類のヘビの特徴と危険性（死に至るかどうか）がまとめられており、そのなかには太陽神の敵アペピの名で呼ばれたヘビもいる。[*23]傷口から毒を吸い出したり、毒のまわりを遅らせる止血帯を使うといった初期対応はパピルスには記されていないが、「ナイフを使う」という表現があることから、傷口を切開して毒を除く処置はおこなわれたらしい。多種のハーブ、タマネギ、ナトロン、樹脂などを調合した薬も投与され、効果があると考えられた解毒が医師や呪術師によっておこなわれていたことがうかがわれる。

新王国時代には、ケレプ・セルケト（「セルケト女神を御す」の意）と呼ばれた解毒の専門家がいた。ケレプ・セルケトはディール・アル＝マディーナの職人集落に派遣され、職人やその家族の治療に当たっていた。この集落の遺跡からは、解毒にかかわる興味深い呪文が出土している。これは現在『イシスとラーの真名』と呼ばれている史料で、神話の体裁をしたかなり長い呪文である（付録）。技術面で一定の効果が上げられる解毒も万能ではなく、呪術の助けを必要とする場合があったのは、多くの解毒の呪文が残っていることからも明らかである。

『イシスとラーの真名』では、呪文に登場する神の姿を患者の腕に描いてそれを舐めとらせるという処置が示されている。呪文の効果をわかりやすい行為で体内にとり込むこの手の方法は、略式のまじないとして庶民のあいだで広くおこなわれていたのかもしれない。新王国時代の終わりに登場し、ヘレニズム・ローマ時代に広まった「ホルスのキップス」と呼ばれる石碑は、このような略式のまじないと結びつく資料である。このタイプの石碑では、子どもの姿をしたホルス神（ハルポクラテス）が表面に立体的に表現されている［図6–5］。ホルスは両手にヘビ、サソリ、ライオン、ガゼルを握りしめ、ワニの上に立っている。これはホルスが危険な動物を制御する力をもっていることを示している。ホルスのまわりにはこの子ども神を守る神々がならび、石碑の裏面にはヘビやサソリの難から逃れる呪文や、水難除けの呪文がびっしりと刻まれている。キップスは礼拝施設や家に設置され、表面に刻まれた呪文や図像にふれたり、上から注いだ水を飲むことで呪文の効果が得られる祭具として機能した。*24

図6–5　ホルスのキップス（プトレマイオス朝、緑泥片岩、高さ20.5 cm）

3　病気治癒

医術パピルス

現代の私たちにとって、医術と呪術は対極に位置する存在といえる。だがよく知られているように、もともと両者は人の健康を保つという目的のもとに、ひとつの知識・技術体系を構成していた。近代医学が成立するまで、原因のよくわからない病気や体の不調はしばしば悪魔や悪霊のしわざとみなされ、呪術的な対処がおこなわれていた。それは他の西アジア諸国よりも優れた医術をもつとされた古代エジプトでも同様だった。

　王朝時代の文字史料には、病気や怪我の治療法を記録した医術パピルスと呼ばれる一群が存在する。もっとも有名な史料のひとつ『エーベルス・パピルス』には、内臓や皮膚、耳や鼻の病気、火傷、歯痛など幅広い部位の症例約八〇と処置八七九が列挙されている。*25 このパピルスは第一八王朝前半に編纂されたもので、いくつかの処置には「経験上の知識」という頭書きがあり、当時確立していた病気や怪我の処置が収録されていると考えられる。記述の多くは薬の製法だが、「病の使いに対する呪文」など呪術的な処置もみられる。また内臓の不調などの原因を、何者かがおこなった呪術にもとめる記述も認められる。

『エーベルス・パピルス』とならぶ代表的な医術パピルス『エドウィン・スミス・パピルス』[図6-6]は、骨折や切り傷といった外傷の処置が中心になっており、多くの症例で適切な対応ができていたことを示している。ただこのパピルスでも、疫病や精神疾患への対処には呪文が含まれている。*26

図6-6　エドウィン・スミス・パピルス（第2中間期）

このふたつの医術パピルスだけでなく、さまざまな呪術／医術パピルスに頭痛や腹痛、眼病、皮膚病、疫病などに対応するための呪文が収録されている。ここからみえてくるのは、古代エジプトの医師が内科系の疾患や伝染性の病気、心の病などについては十分な対処ができておらず、病気の原因は悪霊や魔物、悪意をもった人間とみなしていたということだ。外傷以外の医療行為で呪術が果たす役割が小さくなかったことは疑いがないだろう。

癒し手としてのイシス女神

頭痛や腹痛、火傷やヘビの毒が引き起こす痛みに対処する呪文には、イシスとホルスという母子の神が登場するものが非常に多い。『オシリス神話』に描かれた、さまざまな危険から息子ホルスを守り、傷ついたときにはそれを救う母親というイシスのイメージが、呪文の考案者たちのインスピレーションを刺激したのはまちがいない［図6−7］。たとえば頭痛のためのつぎのような呪文がある。

ホルスはバアト・ウアト、すなわちゲブがもたらしたヘメム草のために、セトと戦っている。ラーよ、ホルスに耳を傾けよ。ゲブのために、彼は沈黙を守るべきか。ホルスは彼の頭のために苦しんでいる。彼に与えよ、彼の苦痛を追い払うために。イシスよ、ホルスの母よ、決断したまえ。「私は事実、彼のすべての痛む所を手当てした」

バアト・ウアトの芽に対して（この）言葉を唱えること。左むきに撚り、粘液に浸し、それにセネブ草の芽を編み込むこと。七つの結び目を作り、男の喉元につけること。[*27]

この呪文は、明らかに神話『ホルスとセトの争い』で語られるエピソードを下敷きにしている。「イシスよ、決断したまえ」という言葉は、戦いによって互いに負傷したセトとホルスがイシスに助けを求め、兄弟と子どものどちらを救うか逡巡するイシスに決断を迫るものである。結果、イシスはホルスの手当てをする。母子神を題材にしたこのような呪文の存在から、治療者と患者はしばしばイシスとホルスの関係性でとらえられていたことがわかる。

呪文が神話に題材をとるのは、物語のなかで神が行使した力という体裁にすることで、呪文に効力があることの裏付けとしていたためだろう。[*28] 古代エジプトの宗教はしばしば神話なき宗教といわれる。確かに物語として完結した神話はあまり残っていないが、呪文が神々のさまざまなエピソードを伝える媒体のひとつになっていた可能性があるのではないだろうか。

図 6-7　ホルス神に授乳するイシス女神像（末期王朝時代、青銅製、高さ 19.3 cm）

アジアの病

病気治癒の呪文をみていくと、「アジアの病（テネト・アアムゥ）」と呼ばれる病気に対処する一群に目がとまる。この病気には伝染病という説と皮膚病という説があり正体ははっきりしないが、呼称が示すように古代エジプト人が外国由来の病気と考えたのは確かである。その考えはつぎのような呪文に端的にあらわれている。

ス・ヌ・ト・ケ・プ・プ・ウ・イ・イ・ム・ヌ・ト・ル・ク・ル

この呪文を発酵した飲みの物の泡、尿、セジェト（不明の素材）に唱えること。そこに塗ること。[*29]

ご覧のとおり呪文の本文は、意味をなさない音の連なりである。呪文の頭書には「ケフティウ（ミノア文化圏）の言葉」とあるので、古代クレタ島で話された言葉をまねているらしい。医師や呪術師が外国由来の病気に対処するには、外国語の（あるいは外国で考案された）呪文が必要という考えに至ったことがうかがわれる。この発想は、外国の魔物に対処する呪文に、シリア・パレスチナ地域で広く信仰されたバアル神が登場する例があることにも共通している。[*30]

＊

呪文には病気や怪我の治癒を担うものだけでなく、薬の調合や計量をおこなう際に唱えられる呪文、包帯を巻く際に唱えられる呪文などもあった。治療の各段階でいくつもの呪文が唱えられるさまは、遺体に言葉の力をあたえて来世での再生を実現しようとするミイラ製作を彷彿とさせる。

呪文を唱えたり護符をつくったりすることが病気や怪我を直接に癒やすものでないことは、現代の私たちにはよくわかっている。ただ、呪術による治療ではさまざまな素材を使った薬が処方されることもあり、それらが薬効を発揮する場合も当然あったはずである。また普通の砂糖を薬といわれて服用した患者が回復をみせる、いわゆるプラシーボ（偽薬）効果が現代では確認されている。そのため古代の呪術にも、心理療法として一定の効果があったといわれている。「数え切れないほど繰り返しおこなわれてきた、優れた方法なり」という呪文の添書きは、その可能性をうかがわせるものである。古代エジプト人にとって呪術による癒やしは、たんなる「おまじない」以上のものだったのは確かだろう。

4　出産と呪術

妊娠祈願

私が調査に参加している中エジプトのアコリス遺跡の中央に聳《そび》える岩山では、毎週金曜日になると興味深い光景がみられる。

若い夫婦や母親に付き添われた女性が近隣の集落からやってきて、ひとりで岩山をよじ登りはじめるのである。彼女たちの目的は、プトレマイオス朝時代につくられた岩窟祠堂で妊娠を祈願することだ。この岩窟祠堂の壁面には、古代アコリスで崇拝されていたアメン神やセベク神などとともに、ホルス神に授乳するイシス女神の浮彫がみられる。おそらくこの図像が根拠になって、妊娠祈願の場となったのだろう。祠堂の近くには直径四五センチほどの貫通した穴が開いている岩があり、祈願者の女性がこの穴をくぐることで、妊娠とともに安産の保証も得られると信じられている。[*31]古代の多神教がとうの昔に廃《すた》れてしまった現在、このような民間信仰が残っているのはとても興味深い。

家の存続と繁栄のため子どもを授かること、その子どもを無事に出産し育て上げることは、古代エジプト人にとっても重大な関心事だった。ハトホル女神に捧げられた一連の奉納物はそれを端的にあらわしているが、祈願だけでなく医術的・呪術的に妊娠や出産を補助する工夫もおこなわれていた。たとえば医術パピルスには、女性の尿を植物の苗に与えるという妊娠テストが記載されている。女性が妊娠していれば苗は成長し、していなければ枯れるという。尿を使う妊娠テストは現代にも存在するが、古代エジプトの妊娠テストは、妊婦の尿には生命を与える力がある(妊娠していなければその力はない)という、独自の発想を下地にしていた。[*32]

この妊娠テストの根拠は私たちからみると奇妙なものだが、古代エジプト人の妊娠に対する全体的な認識は、それほど的はずれなものではなかった。たとえば『運命の王子』という物語では、王が神に息子を望む祈りを捧げたことで王妃が懐妊するが、それはあくまで王と王妃が夜を共にした結果として描写されている。『二兄弟の物語』には木屑が口に飛び込んだことで王の側室が懐妊するという物語らしい描写があるものの、これはめずらしい例で、桃や竹から子どもがあらわれるような描写は他にない。

しかし、子どもを授かるかどうかは、結局のところ神の意思次第と考えられていた。それは神だけが、生命を創り出すことができる存在だったからである。第二中間期以降には、子どもを望む女性や夫婦が神殿を訪れ、あるいは祖先に手紙を書いて受胎への助力を求めるといったことがしばしば認められるようになる。*33

古代エジプトの産屋

古代エジプト人は妊娠と出産の過程を、ある種の「ケガレ」と認識していた可能性がある。また出産間近の女性が、さまざまな脅威にさらされるのを防ぐことも必要と考えられていた。

こうした理由から、出産はできるだけ隔離された場所でおこなわれたとみられる。スペースに余裕がある家では、庭や住宅の屋上に産屋が建てられた。図像資料をみると、これは束ねたパピルスを柱と梁にし、そこにヒルガオかブドウの葉と思われるものを絡ませた小屋だったことがわかる［図6–8］。産屋の屋根や壁は、植物のマットあるいは粗朶《そだ》で作られたのだろう。

住宅が立て込んでいた都市部や小規模住宅の場合、産屋を設けることはむずかしかったため、住宅の一室が産室に割り当てられたようだ。発掘調査では、豊穣を象徴し、母子を守るベス神やタウレト女神が壁に描かれた部

図6–8　産屋を描いたオストラコン
（ディール・アル＝マディーナ出土、第19～20王朝、石灰岩製、高さ14.5cm）

屋がみつかることがあり、これが産室だったと考えられている。[*34] とはいえ、もともと広いとはいえない小規模住宅では、妊婦の隔離はかたちばかりだったかもしれない。

ディール・アル＝マディーナの三〇軒あまりの住宅では、部屋の一隅に長辺一七〇センチ、短辺八〇センチ、高さ七〇センチ程度の台が造りつけられている［図6-9］。縁に手すり状の低い壁がつく例もあり、現代の「ボックス・ベッド」のような外観をしている。何軒かでは、ボックス・ベッドの背壁に描かれていた彩色画の断片が出土しており、ベス神や踊る女性、ひざまずいた裸の女性といったモチーフで飾られていたことがわかっている。ディール・アル＝マディーナを長年にわたって調査したフランスのエジプト学者B・ブリュイエールは、こうした壁画の存在を根拠に「ボックス・ベッド」が産屋として使われたと推測した。[*35] しかし、この設備は通りに面した部屋に設けられている場合が多く、産屋としての使用には疑問がある。近年この設備を再検討したオランダのエジプト学者L・ヴァイスは、アマルナやディール・アル＝マディーナの職人集落に限定して導入された、特別な祭壇だったというより妥当な見解を示している。[*36]

図6-9　玄関脇に設けられた「ボックス・ベッド」（矢印）（ディール・アル＝マディーナ）

出産のレンガ

壁画や文字史料の記述から、古代エジプトの出産はしゃがんだ姿勢でおこなわれるのが一般的だったことがわかる。W・ブラックマンは二〇世紀初頭のエジプトでも同様の習慣がみられ、そのための特別な椅子がつくられていたことを報告している。[*37]

古代の場合、妊婦は二段に積まれた二組の日乾レンガに左右の足を乗せ、出産の姿勢をとった。妊婦をレンガの上にまたがらせるのは赤ん坊をとり上げやすくするという現実的な意味をもっていたが、象徴的な意味も込められていたと考えられている。つまり古代エジプト人はふたつのレンガ積みをアケト（地平線）に見立て、そこに赤ん坊が生み落とされることを日の出（太陽神の出現）になぞらえたらしい。[*38]四つのレンガはそれぞれイシス、ネフティス、ヌウト、テフヌトという四柱の女神たちと結びつき、またレンガ自体が神格化され、メスケネト女神として表現されることもあった。

二〇〇一年、南アビドスでみつかった中王国時代・第一二王朝の宰相の邸宅で、多彩色の装飾がほどこされたひとつの日乾レンガが出土した。レンガの下面には、ハトホル女神の顔をかたどった標章のあいだに男の赤ん坊を抱いて椅子に座る女性と、女性の出産を助けるポーズをとった二人の女性が描かれていた［図6-10］。これは出産の場面の描写であることが明らかで、調査者のJ・ウェグナーは、これが文字史料に登場する「出産のレンガ」の実物だとしている。

このレンガが用いられたエリート層の出産の様子は、どのようなものだったのだろうか。ウェグナーが復元を試みているので紹介しよう。[*39]

図 6-10 「出産のレンガ」に描かれた母子

まず四つの出産のレンガが呪術師によってつくられる。レンガには先にみたような装飾がほどこされた。この絵柄自体が呪文を視覚化したものと考えられるが、さらにレンガに呪力を込める祈禱もおこなわれた。レンガに対して唱えられたつぎの呪文が残っている。

メスケネト、あなたは［カア］、バア、あらゆる必要なものをもっている。アトゥムによって（創られ）、シュウとテフヌトから生まれしメスケネトよ。子どもがやって来る。あなたは知っている、あなたの名メスケネトにおいて。この女の胎内にいるこの子どものために、どのようにカアをつくるかを。私はカア、バア、あらゆる必要なものを彼につくるためゲブへの王命を、この女の子どもたちのためにおむつ（を用意するため）ヌウトへの王命を、彼のために準備した。いかなる悪しきことも口に出されることを許すなかれ、あなたは善良であるゆえに。悪しき口によって正しきものを傷つけるなかれ。満足なり！　それを彼から追い払え［…］ヌウトよ、あなたは（みずからのもとに）すべての神々を連れていき、彼らの光は星になっている。彼らは彼らの星々を見捨ててはいない。私がこの女を守れるように、彼らの守りは届く[*40]（［　］は欠損箇所、（　）は補足）。

日乾レンガに装飾をほどこしてこのような祈りの言葉を唱えることで、出産を助ける呪力を帯びた特別なレンガがつくり出された。

二組二段に積まれた出産のレンガの左右には、ハトホル女神の標章をとりつけた長い木の枝が突き立てられた。『コフィン・テキスト』一五九章と一六一章、『死者の書』一四九章には、太陽神が東の地平線に昇る場所に生えている、トルコ石でできた二本のイチジクの木についての記述がある。出産の場が日の出の地平線に見立てられたとするなら、ハトホル女神のふたつの標章は、二本のイチジクの木を象徴していたと考えることができる。[*41] というのも、ハトホル女神は「イチジクの女主」と呼ばれるなど、この樹木と深く結びついていたことが知られているからである。

出産の牙

妊婦が東の地平線を模したこの場所に導き入れられると、研究者が「出産の牙（birth tusk）」と呼んでいる湾曲した棒で、標章の外側にぐるりと円が描かれた、とウェグナーは推測している。これは悪意ある存在に対する呪術的な防壁、つまり結界をつくる行為である。出産の牙は中王国時代から第二中間期にかけてみられる祭具で、おもにカバの牙からつくられた［図6-11］。湾曲しているのは牙の形をそのまま活かしたためで、多くの例では表面にナイフやヘビを握ったタウレト女神、ベス神、想像上の動物などが彫刻されている。すでにみてきたように、これらの図像は魔除けの意味をもっていた。

ある出産の牙には、「語られる言葉：ネベトセケトラーから生まれた子どものこの部屋に侵入する、男と［女の］敵の頭を切り落とす」という言葉が刻まれている。[*42] この内容から、出産の牙が産後の母子を守るために使われたのは確かといえる。

この祭具が結界の線を引くために使われたと考える研究者はウェグナー以外にもいるが、[*43] 実際にこのような用途で使われたかどうかは定かでない。ただ、現存する実例には表面がかなり摩耗していたり、割れてしまった部分を紐で結んで使いつづけた様子が見受けられるものがある。出産の牙が女性や子どもを守る儀式の祭具として、あるいは母子の身近に置いておく護符のひとつとして、頻繁に使われるものだったことはまちがいない。

図 6-11　「出産の牙」
（第 12 ～ 13 王朝、カバの牙製、長さ 33.1cm）

ペセシュ・ケフ

生まれた赤ん坊のへその緒の切断は、少なくとも儀式的には「ペセシュ・ケフ」と呼ばれる石製ナイフでおこなわれたと考えられている。魚の尾の形をしたこの特殊な刃物は誕生にまつわる器具であることから、しばしば護符にもなっていた。

先王朝時代のナカダ文化圏では、黒曜石でできたペセシュ・ケフを副葬することが広くおこなわれており、王朝時代に入っても黒色や赤色の石で製作された模造品が墓に副葬されていた［図6-12］。口開けの儀式には、さまざまな祭具に混じってペセシュ・ケフが登場する。古代エジプト人にとって、死は第二の生のはじまりだった。そのため葬儀には、誕生に結びつく道具も用いられたのである。[*44]

高名な呪術師たちの物語を記した『ウェストカー・パピルス』の「彼（赤ん坊）はレンガの上のクッションに置かれた」という記述から、赤ん坊はならべ直された出産のレンガの上に横たえられたと考えられる。ウェグナーは、この際にも出産の牙で周囲に結界が引かれたと推測する。

同パピルスは出産を終えた女性が一四日間の清めのあと、日常生活に復帰していたことも伝えている。[*45] この一四日間は「ケガレ」の状態からの移行期間のようなものだったのかもしれないが、同時に母親が新生児のケアと自身の体力回復に集中できる期間という、現実的な意味もあったにちがいない。

母子の運命

通常の出産は医師ではなく助産の経験をもつ女性たちによって補助されたので、出産の場の呪術もまた彼女たちによっておこなわれたと考えられる。

上エジプトのアル＝カーブにある指揮官ベビの墓に出産の牙とヘビ形の杖を持つ乳母たちが描かれていること

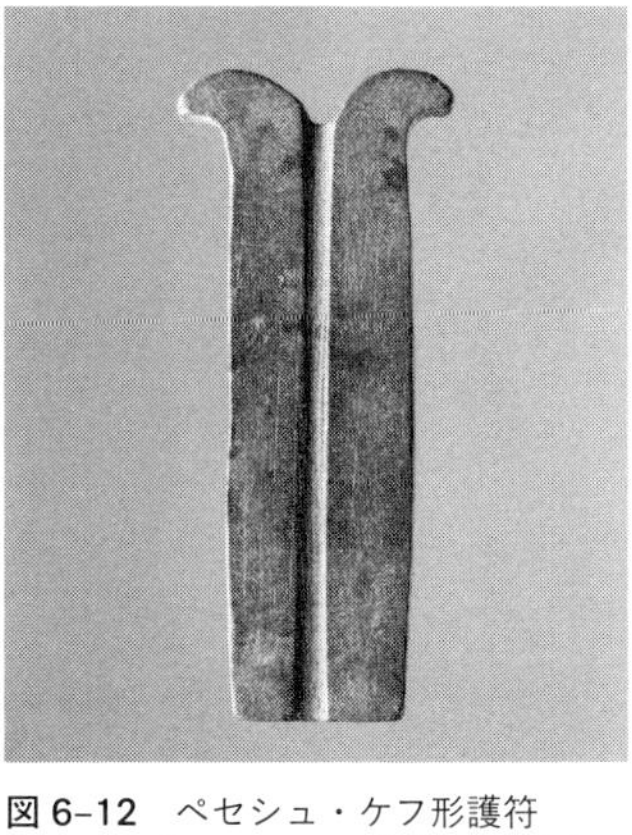

図6-12　ペセシュ・ケフ形護符
（ヘリオポリス出土、末期王朝時代、凍石製、高さ4cm）

が、こうした推測を補強している。難産の場合には母子を救うために医師が呼ばれることもあったようだが[*46]、庶民の場合、医師に頼ることができたかどうかは定かでない。

『エーベルス・パピルス』には、新生児の泣き声や反応でその後の生死を判定する方法が収録されている。物語『運命の王子』では、七柱のハトホル女神が出産の場に来臨し、生まれた王子はヘビ、ワニ、イヌのいずれかに命を奪われるという運命を告げる場面がある。七柱のハトホル女神はこの神が備える七つの性質が顕現したものと考えられ、人間の生死にかかわる運命を告げる存在と信じられていた。

このように人の運命は神によって定められたが、それは克服できると考えられてもいたらしい。『運命の王子』は物語の結末が失われているものの、王子が死の定めを克服するハッピーエンドであることはまちがいないと考えられている[*47]。医師や助産師、呪術師の見立てがどうであれ、生まれた子どもの命を現世につなぎ止める努力は、当然おこなわれたにちがいない。

現実の問題として、近代的な産科の技術と知識がなかった時代、出産は落命のリスクをともなうライフ・イベントだった。呪術的な清めと守りがほどこされたとしても、実際に出産の場が清潔だったわけではなかっただろう。滅菌や消毒といった概念がないなかで助産師が処置をおこなえば、当然、母子が感染症を発症する可能性が高まったはずである。難産によって母体が大量出血することもあり、そうなると母子の生命は風前の灯火だった。古代エジプト人は出産前後の母子がとくに悪霊などの標的になりやすいと考え、この期間の母子を守るための多くの医術的・呪術的方策を考案していた。それは裏を返せば、出産を通して多くの母子が命を落としたことを物語っている。

日本を含む多くの文化では、出産、結婚、成人の認定といった人生の節目で、なんらかの儀式がおこなわれる。だが古代エジプトの場合、出産以外の節目でどのような儀式がおこなわれたのかはあまりはっきりしない。

成人の通過儀礼については、子ども時代のお下げ髪を切り落とす行為や、男子の割礼がそれに該当していた可能性が指摘されている。[*48] ただし、割礼の痕跡がない成人のミイラが認められるなど、実資料との齟齬がある。もしこうした行為が通過儀礼だったとしても、時代や地域が限定された習慣だった可能性がある。

結婚に至っては、儀式の存在そのものが確認できない。そのなかで出産に関する史資料が飛び抜けて豊富なのは確かで、それだけ古代エジプト人にとって子どもの誕生が危険かつ重要な出来事だったということだろう。

5 家と家族の守り

家を守る呪術

血筋の存続に心を砕いていた古代エジプト人にとって、家族が住む家を危険な動物や悪霊から守ることは大切なことであり、そのためにも呪術が用いられていた。

玄関ドアのまわりはしばしば赤色で塗られた［図6–13］。強い魔力や炎を象徴する色でドアをかこむことで、危険な存在が家のなかに侵入することを防ごうとしたのである。中デルタのテル・アル＝ムクダム（古代名タレム／レオントポリス）の末期王朝時代に年代づけられる住宅では、日乾レンガ造の壁の基礎部分から、埋め込まれたミニチュア土器、青銅製指輪、粘土製人物・動物小像が出土している。これらの遺物は壁の隅などに意図的に配置された様子が見受けられ、住宅の建設時におこなわれた地鎮祭にともなう埋納物と考えられている。[*49] 地鎮祭とその埋納物は、新王国時代の神殿や王墓の建設にともなうものがよく知られているが、住宅でも建設時の安全やその後の家の繁栄を祈願するためにおこなわれることがあったようだ。

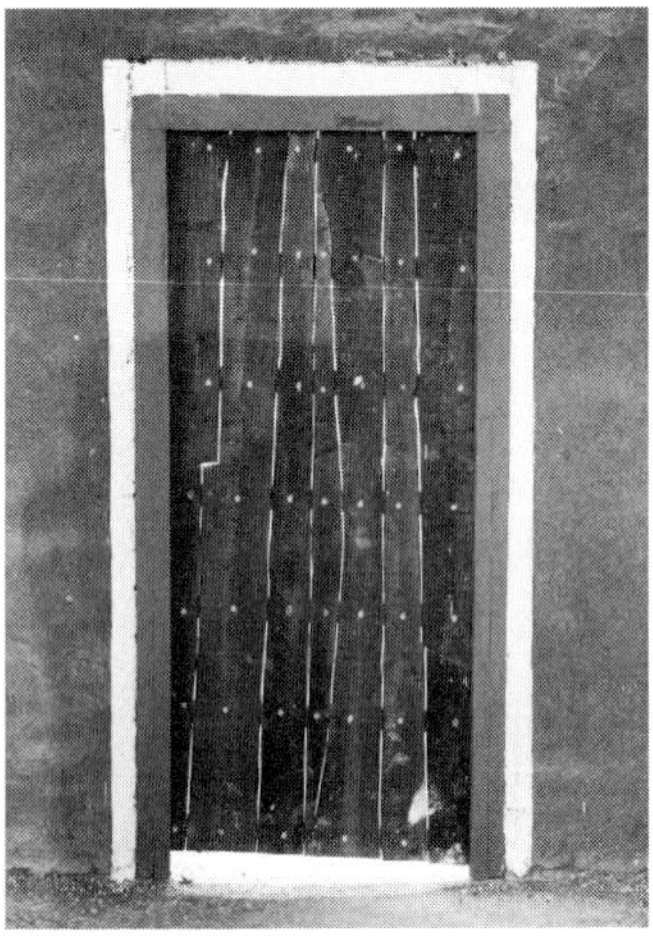
図6–13　赤く塗られた玄関ドアまわり（アマルナ・ビジターセンターの再現展示）

ヘビやサソリから悪霊にいたるまで、危険な存在を家に近寄らせない予防的な呪術もあった。たとえばニンニクに呪文を唱えたのちに潰し、ビールに混ぜて夜のうちに家（の周囲）にまくという方法が知られている。[*50] 現在ではニンニクの防虫・殺菌効果は広く知られているが、古代エジプト人も経験的にニンニクの効果を知っていたのかもしれない。それに加えて一片のニンニクは、ポピュラーな護符であり強力な魔力をもつホルスの眼に形が似ており、「ホルスの白い眼」と呼ばれた。光や清浄さと結びつく白色であることも含めて、ニンニクは呪術の媒体にふさわしい素材と考えられたのである。

家のなかの窓、天井の横木、部屋から隙間のような空間まで、ひとつひとつに呼びかけて守りをほどこす呪文もあった。またローマ属州時代の史料ではあるが、家のすべての窓辺で蜂蜜を火にくべて魔物の侵入を防ぐ呪文も認められる。[*51] 蜂蜜は魔物が嫌う食べ物と考えられていたことが、この呪術で使用された理由だろう。

家のなかでとりわけ呪術的な守りが必要な場所と考えられたのは寝室だった。眠っている人間は、悪霊を含む超越的な存在が接触しやすい状態と考えられたからである。ベッドのヘッドボードや枕にナイフを手にしたベス神やタウレト女神など魔除けの神がよく彫刻されたのは〔図4–9参照〕、悪意ある存在を退けて安眠を保証するためだった。

粘土製コブラ小像

寝室の呪術的な守りとの関連が指摘されているのが、鎌首をもたげた姿をした高さ一五センチ程度の粘土製コブラ小像である〔図6–14〕。このコブラ像は新王国時代から末期王朝時代にかけて、エジプトとパレスチナ地域の集落遺跡で数多く出土している。なんらかの冠を被ったものや供物台と思われる突起

図 6–14 粘土製コブラ小像
（アコリス出土、第３中間期）

が像の前にともなうものがあるので、神（あるいは神像）を表現していると考えられる。

古代エジプトにはコブラを聖獣とする神が多く存在していた。とくにテーベ西岸のメレトセゲルや穀物を守るレネヌテト、パレスチナ地域と関係の深い下エジプトに聖地をもつウアジェトといった女神がよく知られており、粘土製コブラ小像はこうした女神たちの偶像として、住宅の祭壇などに置かれていた可能性がある。ただし、たとえばアコリスではみつかった住宅数よりも多い三〇〇点あまりの出土があることから、別の用途があったことも考える必要がある。注目されるのは、第一九・二〇王朝時代のつぎのような呪文が残っていることである。

男の敵対者よ［女の敵対者よ、男の悪霊よ、女の悪霊よ］遠のけ。おお、男の死者よ、女の死者よ、近寄るな。彼は顔を前にむけて五体満足で進み出ることはないであろう。なぜなら彼の心臓は、イミイ・アト（「打撃を加える者」の意）の夕食に定められているから。◯◯の子△△はお前の心臓を引き出した、おお、死者どもよ。彼はお前たちの心臓をとった、おお、死んだ男よ、死んだ女よ。彼はそれをアウ（「打撃者」の意）に捧げた、彼の身体を養うために。お前たちについていえば、お前たちが生きることはないであろう。お前たちの体は（彼の?）供物のケーキだ。お前たちは［四人の貴婦人］から、シェヌウトにおわすホルスの砦から逃れられないであろう。

（呪文を）純粋な粘土でつくった、その口に炎をもつ四つの（聖）蛇に唱えること。ひとつずつ［…］男あるいは女が男［あるいは女?］とともに眠る［すべての部屋の各］隅に安置すること。*52

この内容から、粘土で四体のコブラの小像をつくり、それに悪霊除けの呪文を唱えて部屋の隅に置く呪術が存在していたことがわかる。部屋に侵入した悪霊をコブラが食べてしまうことで、悪夢や心身の不調といった悪霊の障りから守られると考えられたのである。各地で出土する粘土製コブラ像の用途のひとつとして、こうした呪術とのかかわりを想定することができる。[*53] 粘土製女性小像と同様、この粘土製コブラ小像も複数の用途で使われていた可能性がある資料といえる。

6　年の疫病と呪術

古代エジプトの一年

呪術文書を紐解くと、古代エジプト人が一年の終わりの時期を疫病の流行る危険なものと考え、呪術的な守りを得ようとしていたことがわかる。こうした発想に至った理由を知るためには、まず彼らの時間観を理解する必要がある。

古代エジプト人は天体観測から一年が三六五日であることを知り、おそらく第二王朝以降はそれにもとづいた暦を使っていた。[*54] この天体観測のきっかけになったのは、ナイル河の増水の周期を正しく把握したいという行政上・宗教上の要請だったといわれる。乾燥地のエジプトにやって来る増水は文字どおり国土をよみがえらせるもので、ハピ神として神格化され、人々は全土でその到来を祝った。

また増水の多寡はその年の収穫量に直結していたので、水位の計測が王国の重要な業務になっていた。

おそらく王朝時代がはじまる前から、南の国境の町であるエレファンティネ島に住んでいた人々は、ナイル河の増水がシリウス星の出現とほとんど同じタイミングではじまることに気づいていた。シリウスはおおいぬ座の一等星で、冬にみえる星という印象が強い。実際、春になるとシリウスは地平線の下に沈んでしまうが、七月中旬になると夜明け直前の東の地平線にふたたび姿をあらわす。この初夏のシリウスの出現がナイル河の増水のタイミングと合致していたのである。そして地道な観測の結果、その周期は三六五日であることが突き止められたのだった。

三六五日の暦が採用される前、古代エジプト人も月の満ち欠けを基準にした太陰暦を用いており、一カ月を二九日あるいは三〇日とする一二カ月の暦を作成していた。[*55] 太陽暦が採用されたあとは一カ月を三〇日にそろえて一二カ月の構成は継承され、一年の終わりに五日を追加するかたちで暦の変化に対処した。ローマ帝国初期の有名な著述家プルタルコスは、追加された五日が生まれた経緯を伝える、つぎのような神話がエジプトにあることを紹介している。

レア（空の女神ヌウト）とクロノス（大地の神ゲブ）はひそかに契り合い、それを知った太陽神はたいへん怒り、レアに自分が創った三六〇日のなかでは子どもを産ませないという呪いをかけた。そのためレアは、月満ちても子どもを産み落とすことができなかった。レアの愛人ヘルメス（知恵の神トト）は月の光から五日を創り、太陽神が創った三六〇日に付け足した。こうしてレアは、ようやく子どもたちを産み落とすことができた。このとき生まれたのが、オシリス、アルエリス

（ホルウル：年長のホルス。オシリスとイシスの子のホルスとは別神）、テュポン（セト神）、イシス、ネフティスだった。[*56]

プルタルコスが伝えるこの神話の直接的な原典を王朝時代の史料に求めることはできないが、年の終わりの五日間を神々の誕生日とする記述は『ピラミッド・テキスト』に認められる。そして中王国時代前半には、五日間に生まれた神としてプルタルコスのあげた五神の名前がみられるようになる。[*57]したがって王朝時代の早い時期に成立した神話に原型があるのは、ほぼまちがいないだろう。

年の終わりと呪術

新王国時代の宗教文書は年の終わりの五日間について、神々の誕生日という慶事とは別の側面があったことを伝えている。それは太陽神の娘であるライオンの女神セクメトが、疫病を放つ使者を地上世界に遣わす期間という考えである。

セクメトは破壊的な力をもつ女神で、ふだんは父神を守ることにその力を使っている。しかし年の終わりの五日間には、本来の暴力的な性質をあらわにして、地上に禍いをもたらすと考えられたらしい。

セクメトがこのような行為におよぶのは、年の終わりの五日間が太陽神の創造物ではなく、それゆえ太陽神の庇護のもとにないという認識があったからだと考えられる。これはプルタルコスの伝える神話と符合する話である。
　この「年の疫病（イアデト・レンペト）」の息吹から逃れるための呪文がいくつか残されている。手の込んだ呪術のひとつは、セクメトをはじめとする一二柱の神々に対する崇敬の言葉がながながと唱えられたのち、つぎのようにして護符をつくるものだった［図6−15］。

良質な一片の亜麻布の上で唱えるべき言葉。これらの神々はその上に描かれ、それには一二の結び目が作られる。それらにパン、ビール、薫香を捧げること。男の喉につけること。その年の疫病［から］男を救う（手段）。敵は彼に対して無力であろう。セクメトとトトの従者である神々をなだめる手段。年の終わりの日から年のはじめの日（まで）、ウアグ祭に、そしてエルヌウテト（レネヌテト）祭の夜明けに、男によって唱えられる言葉。[*58]（全文は付録に収録）

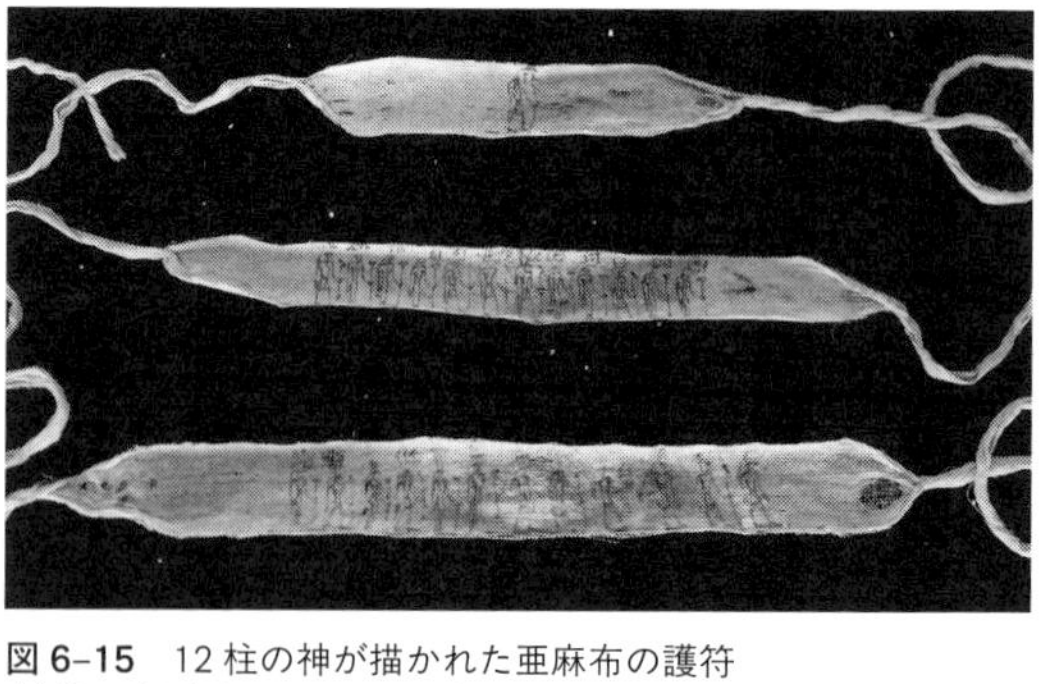
図6–15　12柱の神が描かれた亜麻布の護符
（末期王朝時代、長さ70cm）

　これは時間も手間もかかる呪術だったので、解毒の処置でみられたのと同様に請願者の手に神々の姿を描き、それを舐めとらせる簡便な方法もおこなわれていた。体内に入った神々が、請願者を助けてくれると考えられたわけである。

ところで、実際に年の終わりのころが健康に配慮すべき期間だったかというと、そうではなかった可能性がある。ローマ属州時代の研究になるが、ミイラ工房でとりちがいを防ぐためにミイラにつけられた名札などから、一年のどの時期に死亡する人が多かったかが分析されている。

それによると、現代の暦で三月から五月にピークがあることがみてとれる。[*59] こうした傾向が古代を通して一般的だったとするなら、年の終わりに疫病が流行るという発想は、三六〇日の外にあるという宗教上の考えを反映しているだけなのかもしれない。

ただし古代エジプトの年末は、ナイル河の増水がはじまる直前の七月初旬ごろになる。強い日差しと上昇する気温、大地が干上がっていく季節であり、一年のなかでは日々の生活に苦痛を感じる時期だったことは否めない。それがラーの恩寵が失われているという発想につながった可能性は考えられる。

古代エジプトの衛生環境

細菌やウイルスによる病気には衛生環境が大きく関係してくる。ヘロドトスはエジプト人は清潔を重んじる人々と述べているが、古代エジプトの生活環境が実際に衛生的だったかどうかはあやしいところがある。

ラフーンのピラミッド都市では、主要な通りの中央に排水溝が走っていたことが確認されている。[*60]

しかし、こうした仕組みがその後の集落で普及した形跡はない。

トイレや浴室とみなせる遺構はアマルナ遺跡の複数の邸宅で確認されているが、この設備もまた一般的とはいえず、人間の排泄物がどのように処理されていたのかはよくわからない。エレファンティネ島やアマルナの職人集落では、ヤギやブタといった小型の家畜が住宅の内外で飼われていたことがわかっており、その排泄物をかたづける必要があったはずである。農村部では家畜の糞が畑の肥料として役立っていたことは確かだが、都市部での糞のあつかいがどうだったかはやはりわからない。

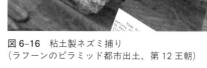

家庭ごみは、現代のエジプトの農村部でみられるのと同様、最終的にはナイル河や近くの運河に捨てられることが多かったと推測されるものの、アコリス遺跡ではたくさんの土器片などが通りの隅に堆積しており、多少のごみであれば家の周囲に捨てて済ませていたことがうかがわれる。エレファンティネ島では調理の際に出た灰などをこまめに捨てなかったために、柱が埋まるほど中庭にごみが堆積した住宅が確認されている。[*61] これらの情報からは、古代エジプトの生活環境が衛生的だったという印象はもちにくい。感染症や伝染性の病気が発生する素地はつねにあったのではないだろうか。

図 6–16　粘土製ネズミ捕り
（ラフーンのピラミッド都市出土、第 12 王朝）

ラフーンのピラミッド都市では、ネズミが壁に開けた穴を石で塞いでいる住宅や、古代エジプトでは唯一の例とされる粘土製のネズミ捕りが確認されている[*62]［図6–16］。ネズミは農作物を食い荒らすだけでなく、ペストなどの疫病を媒介する存在でもある。古代エジプトで疫病が流行したことを示す史料はほとんど認められないものの、ひとつの土坑墓や棺に複数の遺体を詰め込んでいる埋葬が各地の墓地で報告されており、疫病による大量死があったことを推測させる。

7 護符

古代エジプトに限ったことではないが、呪術では言葉によって生まれた力をなんらかの物体に込め、それを媒体として目的を果たそうとする場合が多い。本章でみてきたように、それは薬の素材であったり既存の道具であったりもするが、護符というかたちをとることも非常に多かった。

古代エジプトで護符は、メケト、ネヘト、サ、ウジャウと呼ばれた。ウジャウを除く三語は「守る」という動詞から、ウジャウは「幸福・繁栄」から派生した呼称である。[*63] これらの呼称は、守りの力を携行して憂いなく生活できるようにすることが、護符の中心的な役割だったことを示している。

古代エジプトの護符は身につけた人を永続的に守ることを意図したものと、短期間に特定の効果を上げることを意図したものに大別される。前者は耐久性のある素材で製作され、死者を守るためにも使われたため、墓からの出土例も豊富である。後者は布やパピルスなど有機質の素材でつくられることが多く、役目を終えると捨てられてしまうため、出土例はかなり限られている。

私たちの目にふれる護符は圧倒的に前者が多いので、古代エジプトの護符のイメージはこちらのカテゴリーに属する資料群によってかたちづくられている。しかし実際の古代エジプト社会では、後者の護符もさかんに使われていた。

護符の製作では形はもちろんのこと、適切な素材や色の選択も製作物に力を与えると考えられた。『死者の書』には主要な葬送用護符のための祈禱文が含まれており、素材として金や特定の色の石が言及されている。しかし実際にはより安価な素材、とくにファイアンス製のものが多くつくられた。

ファイアンスは光沢のある焼物でさまざまな発色が可能だったが、護符の場合はほぼ青色である。光沢のある青色は生命力や再生の象徴である水や植物と関連づけられたので、死者の再生を助けることを目的にした葬送用護符ではとくに有用と考えられたのだろう。

このように素材や色が本来の規定と異なっていても別の有用性が付与される場合もあり、いずれにしても製作時の祈禱文の詠唱によって護符は機能すると考えられた。

ファイアンス製品の製作址は神殿周辺だけでなく集落域でもみつかっており、護符の鋳型の出土も報告されている［図6-17］。護符の製作にはファイアンスや金石加工を専門とする職人が携わっていたと考えられるが、製作時に言葉の力を込める必要があるため、神官や呪術師の関与があったはずだ。文字史料には「サウ」という称号をもつ人々が登場し、これは護符製作者と訳されているが、[*64] サウは

図 6-17　ベス神形護符の鋳型
（テーベ西岸・マルカタ出土、第 18 王朝、高さ 4.3 cm）

職人そのものではなく、護符に呪力を込める術者を指していると思われる。朗誦神官などがその役目を負ったのだろう。

永続的な護符

先王朝時代のバダリ文化期には、カバ、ライオン、イヌ科動物といった動物をかたどった小形の遺物がみられるようになる。これらは石製や骨製で紐を通す穴が開けられており、護符と考えられている。

王朝時代の史資料から類推すると、これらは危険な生物からの災難除けか、あるいは生物がもつ能力にあやかる意図で使われたと考えられる。王朝時代に入ってもワニ、サソリ、ハヤブサなどをかたどった護符がつくられつづけており、災難除けあるいはそれぞれの生物と結びついた神の加護を意図したものという解釈が示されている。[*65]

王朝時代には生物以外にもさまざまな形の護符が登場し、その種類は時代が降るにしたがって増加した。古王国時代には、ウジャトやスカラベといった古代エジプトを代表する護符が使われるようになった。興味深いことに、ベスやタウレトといった家庭内祭祀と結びつく神を除き、神(厳密には神像)をかたどった護符は、新王国時代にならないと登場しない。聖獣や神のシンボルを表現することには問題がなくても、神の姿をかたどることには先王朝時代から続くタブーがあり、その面での認識の変化が新王国時代にあったのかもしれない。

王朝時代全体でみると、永続的な護符にはさまざまな生物、神や王に関連したもの（神像、ウジャト、冠など）、縁起のいいシンボル（ネフェル、アンクなど）、人間の部位（頭、手足、心臓など）、器物（枕、下げ振りなど）のように、多様な形状が存在する。

これらのなかには日常の守りとして身につけられていたものもあれば、死者の守りとして墓に副葬されたものもあった。神やシンボル、動植物といったモチーフは、しばしば指輪やスカラベにも刻まれ、ビーズのデザインとしても採用されている。[*66] このような装身具が身を飾る意味しかもっていなかったのか、それとも護符としての役割も果たしていたのかは判然としない場合が多く、両者の境界は曖昧である。

プトレマイオス朝時代に作成された『マクレガー・パピルス』には、七五種類の葬送用護符が列挙されている。それをみると、コブラやハゲワシなどの護符には名称の異なるものが複数あり、護符の細分化が進んでいたことがわかる。「エジプト考古学の父」と称されるF・ピートリは古代エジプトの護符を二七五タイプに分類し、それらを機能にもとづいて五つの大分類に振り分けた。[*67] しかしながら、古代の史資料から機能がわかるのはごく一握りの葬送用護符だけであり、ピートリの大分類が妥当かどうかは疑問である。

葬送用護符

中王国時代前期の箱形棺に記された『コフィン・テキスト』のさし絵（「オブジェクト・フリーズ」と

呼ばれる）には、死者を守り再生を助けるさまざまな器物が登場し、そのなかには護符および護符として機能したと考えられる装身具が含まれている。[*68]

注目されるのは、オブジェクト・フリーズに登場するライオンの前半身形護符や永遠を意味するシェン形護符などが、後代の『死者の書』では言及されていないことである。葬送用護符にも時代による変遷があったことがわかる。

『死者の書』にはオシリス神の背骨と称されるジェド柱、イシス女神の結び目と呼ばれるティト、ハゲワシ、幅広の襟飾りウセク、パピルス柱ウアジュ、枕、ウジャトといった個々の護符のための祈禱文が含まれている［図6–18］。たとえば「黄金のジェド柱のための言葉」と頭書のある一五五章はつぎのような内容である。

起き上がりたまえ、オシリスよ、私があなたのもとに水を置くとき、ご自身を横にむけるために。私はあなたに、あなたが歓喜してくださる黄金のジェド柱をもたらした。

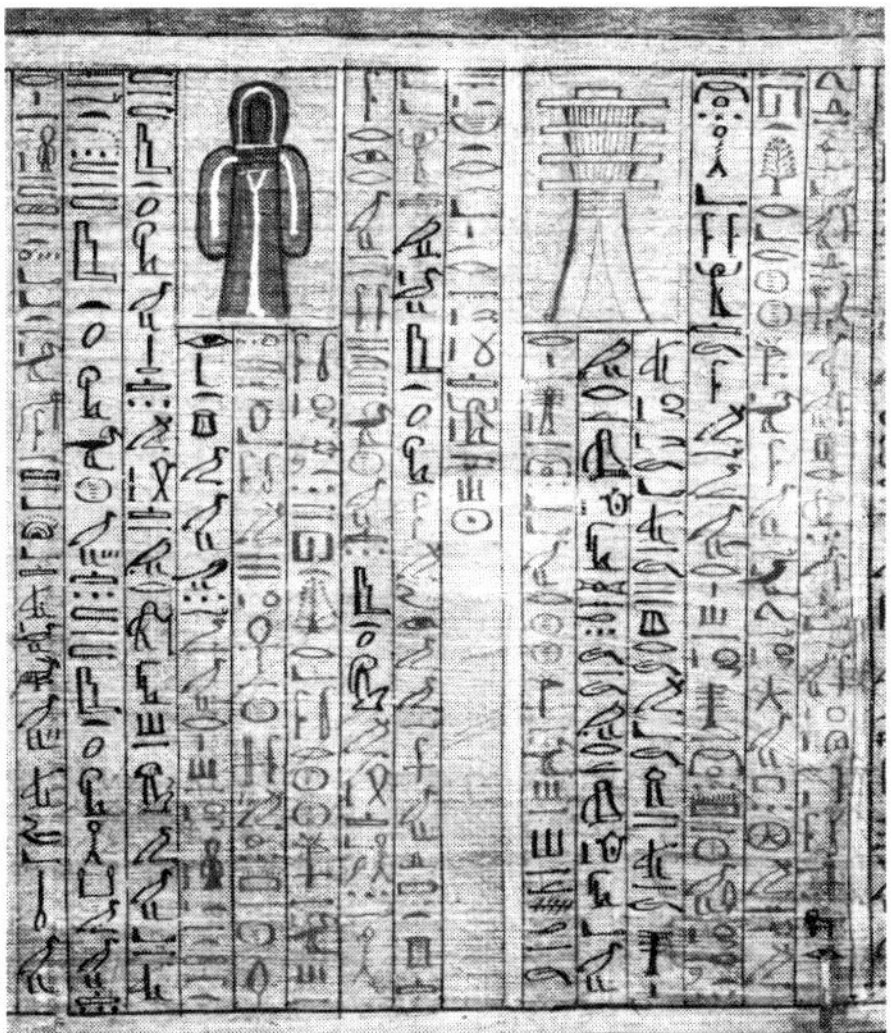

図6–18 『死者の書』のティト（左）およびジェド柱（右）のための祈禱文
ティトは腰帯の結び目を表現し、ジェド柱は樹木の幹を表現している。それぞれの図のまわりに祈禱文が記されている。（テーベ西岸、8号墓・カアとメリトの墓出土、第18王朝）

イチジクの繊維を通した、黄金のジェド柱の上で唱えられる言葉。埋葬の日、アクの首に置かれる。

この護符が首に置かれた者は誰でも優れたアク、すなわちオシリスにしたがう者たちのごとく、年の初めの日に、神の土地にいる者となるであろう。それは百万回も真実である。[*69]

このような護符のための祈禱文は、葬儀で該当する護符を遺体に装着する際に詠唱されたと考えられ、一五五章では護符だけでなく通す紐の素材、配置する場所、効果が述べられている。イチジクの繊維を撚った紐は、ティトのための祈禱文（一五六章）にも登場する。出産の節でもふれたように、イチジクはハトホルなどの女神と結びついた樹木で、木陰や果実といった恩恵を人間に与えることから、古代エジプトで重んじられた植物のひとつだった。

『死者の書』に登場する護符は、いずれも遺体の首元に置くことが求められているが、時代が降るにしたがって葬送用護符は種類も数も増加し、全身の各部位に置かれるようになっていった。末期王朝時代のいくつかのパピルス文書には、遺体上の護符の配置が図示されている。しかし、同時代のミイラにおける実際の配置は、それとは異なる場合が多いことが近年のＣＴスキャン調査で明らかになっている。規範が形骸化していたのか、あるいは地域やミイラ工房によるちがいが存在していたのかもしれない。

ウジャト

ウジャトは「ホルスの眼（イレト・ヘル）」とも呼ばれ、人間の眼と眉にラナー・ハヤブサの顔の模様を組み合わせたシンボルとして知られる［図6-19］。

ホルスはもともと天空をつかさどる神であり、太陽と月がその両眼とみなされた。月は満ち欠けを繰り返すため、おそらくその現象を説明する説話が、神話『ホルスとセトの争い』の成立につながったのだろう。この神話でホルス神は、父の仇であるセト神と戦い左眼を失ってしまう。トト神（ハトホル女神とする伝承もある）は呪術によってその眼を再生し、以来ホルスの左眼は強い呪力をもつようになったという。

『ピラミッド・テキスト』ではホルスの眼が王に再生の力と守りを与えることが繰り返し語られ、神殿儀礼では神に捧げる供物がホルスの眼と呼ばれた。ホルスの左眼が世界の秩序を守る神や王に活力を与え、ひいては邪悪な存在を寄せつけない万能の力と認識されていたことがわかる。『死者の書』一六七章はウジャトのための祈禱文だが、その内容はホルス神の神話ではなく、「ラーの眼」と呼ばれた太陽神の娘にまつわる神話と結びついている。

図6-19　ウジャト
本来は左眼だが、このように右眼のものもしばしばつくられた。（新王国時代、ファイアンス製、幅6cm）

トトはウジャトをもたらした。彼はウジャトを鎮めた、ラーがそれを遣わし、それが大いに荒れ狂ったのちに。そして、それを鎮めるのはトトなり、それが荒れ狂ったのちに。私はそれが健康であるように健康なり。私はそれが健康であるように健康なり。〇〇（被葬者の名前）は健康なり。*70

太陽神の娘は前節で紹介したセクメトのほか、ハトホルやテフヌトといった女神が該当する。『天の牝牛の書』では叛逆を企てた人類を罰するために、この女神が地上に遣わされたことが語られている。また、怒った女神が太陽神のもとを離れ、牝ライオンの姿で砂漠を徘徊し、トト神がそれを説得して連れ戻すという神話も残っている。少なくとも新王国時代以降、ウジャトはホルス神と太陽神の娘に二重に結びついた強力なシンボルとして、ますます多用されるようになった。第三中間期には大小のウジャトを組み合わせた、複雑な形をした護符もみられるようになる。

有期限の護符

前述したように、古代エジプトには定形で持続的な効果をもつ護符とともに、特定の目的で短期間だけ身につける護符があった。その代表例が、年の終わりの疫病除けとして呪文に登場していた、亜麻布や紐に結び目をつくっていく「結びの護符」である。

さまざまな呪文を参照すると、結びの護符は亜麻紐だけでなくアシの茎などの植物、変わったとこ

表 6-1　結び目の数と呪文の効果

効果	結び目の数	素材	適用箇所
流産の予防	1	イアアト布	女性器
子どもの魔除け	1	アジュ魚の…	子どもの首
子どもの魔除け	1	金の粒／ビーズ／印章／亜麻布	子どもの首
足の炎症？	1	インシ布（赤色の布）	足
流産の予防	2	イアアト布	女性器
流産の予防	4	良質な亜麻布／黒い繊維／…の毛？／ロバの…	妊婦の腹部
頭痛？	4	マアト・ネト・スウト植物／ネジュ布	頭
頭痛	4	アシの芽	頭
子どもの魔除け	4	編んだ髪	子どもの首
子どもの魔除け	4	亜麻布	子どもの首
子どもの魔除け	7	小さな印章／亜麻布？	？
子どもの魔除け	7	メノウの玉７個／金の玉７個／亜麻布	子どもの首
子どもの魔除け	7	７本の亜麻の繊維	子どもの首
セセミ病	7	良質な亜麻布／ネズミの骨	子どもの首
頭痛	7	ネジュ布	足の親指
頭痛	7	ネジュ布	左足
頭痛	7	編んだバアト・ウアト木の芽／セネブ草の芽	喉
頭痛？	7	イデミ布	頭
頭痛？	7	ネジュ布	左足
サソリ除け	7	サギの冠羽２本	？
サソリの毒	7	アシの節	傷口
サソリ除け	7	帯紐	？
胸（母乳？）	7	アシ／セネブ草の芽／イベト地方の獣の毛	？
１年の厄除け	7	神を描いた良質な亜麻布	首
１年の厄除け	12	神を描いた良質な亜麻布	首

ろではサギの冠羽を使ってつくられる場合もあった。結び目の数は呪文の内容によってさまざまである［表6-1］。

年の終わりの疫病除けの場合は、呪文に登場する一二柱の神に一二の結び目が対応していると考えられる。また四は儀式の所作や祈禱文・呪文の繰り返しの回数でもよくみられる数で、東西南北すべての方位に効果を行きわたらせる意図があるとされている。事例の多い七は、全方位の四と古代エジプトで複数を意味する三を組み合わせることで効果を強調した可能性があるが、推測の域を出ない。ただ、子どもの運命を告げる「七柱のハトホル女神」のように、七は神話や宗教文書にしばしば登場する数字であり、古代エジプト人にとって重要な数字であったことはまちがいない。*71

これまで結びの護符は実例がかなり限ら

れていたが、近年、アコリス遺跡での出土が続いており、それによって明らかになってきたこともある。たとえばこの護符は細く撚った明るい色の紐でつくられており、多数出土する他の紐類（漁労の投網や土器を運ぶネットの断片など）とは外見からちがっていることが多い。呪術文書をみると、結びの護符はしばしば「良質な亜麻布」でつくることが求められている。実際の製作でもできるだけ質の良い亜麻糸が使われたのだろう。また結び目の数を観察すると、呪術文書とは合致しないものがいくつもみられる。

アコリス遺跡で出土したとくに印象的な例は、一〇〇近い結び目がつけられた三本の輪を四カ所で結び、ひとつの輪にしたものである［図6–20］。三本の輪は三つの季節、四カ所の結びは各季節の四カ月を意味していて、一年間の効果を願った護符ではないかと想像を膨らませるが、史料の裏づけがないので推測の域を出ない。いずれにしても、王朝時代にはさまざまな結びの護符と、それに対応した呪文があったことがうかがわれる。

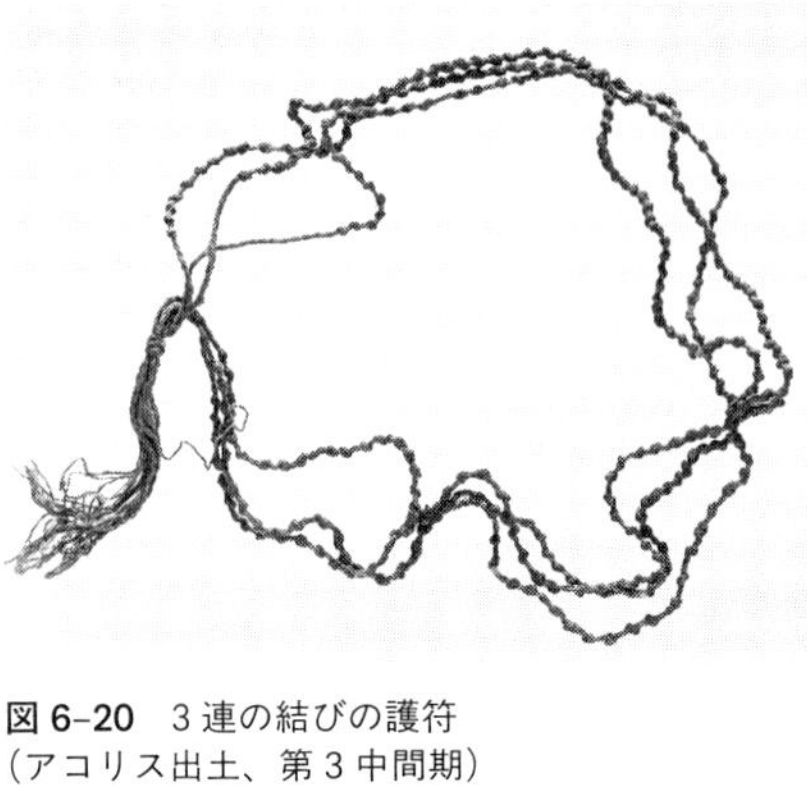

図6–20　3連の結びの護符
（アコリス出土、第3中間期）

アコリス遺跡では結びの護符だけでなく、パピルスを折り畳んで細紐で縛った護符も出土している［図6–21］。類似の護符はテーベ西岸でいくつか出土しており、それらには魔除けの呪文や神の姿が描かれていた。*72

アコリス遺跡の出土資料は未開封だが、おそらく同じように文字か絵が記されているのだろう。なお、このパピルスの護符は、製紙したパピルスではなくパピルス草を割いた薄片を使っているのではないか、という興味深いコメントをドイツのパピルス修復師M・クルシュからもらった。おそらくパピルス草自体は誰もが手に入れることができたので、薄片の入手はパピルス紙よりはるかに容易だったはずである。このような素材が使われていたのは驚きだったが、他方で非エリート層の人々の工夫がかいまみられたようでおもしろくもあった。

アコリス遺跡におけるこうした護符類の出土には、頭を悩ませる部分もある。護符が普通のごみのように、道端や建物の壁際に捨てられていた様子が見受けられるのである。私たちの感覚からすると、たとえ役目を果たし終わったとしても、護符を粗略に扱うことには抵抗があるだろう。古代エジプトでも神殿の儀式や葬儀で使ったものは、穴を掘って埋納している場合が多い。だが、日常で使われた護符がどのように処分されたかを伝える史資料はなにもない。アコリス遺跡に限らず集落遺跡での護符の出土場所は不規則な場合が多く、ごみとして廃棄することが一般的だったのかもしれない。

図 6–21　パピルスの護符
(アコリス出土、第3中間期)

8　呪詛

王を害する

古代エジプトの呪術は、人間の生命や財産を守るため、あるいは病気や怪我を癒やすための手段として行使されることが多かった。だが、すべての呪術が白魔術的だったわけではない。敵対する存在を滅ぼすことを意図した、いわゆる呪詛もおこなわれていたことがわかっている。

第二〇王朝：ラメセス三世の治世に起こった「ハレムの陰謀」では、最終的には実力行使で王の暗殺がなし遂げられたようだが、王の衛兵を無力化するための呪いも計画されていたことがわかっている。暗殺に加担した人々の裁判記録には、つぎのような記述がみられる。

彼は無秩序を生じさせ混乱を広めるために呪術の文書をつくりはじめ、（そして）人々の四肢を弱らせるため、蜜蠟の神々といくつかの薬をつくり（はじめた）。それらは（執事）パバクアメンの手に渡された。*73

このパピルスの記録は断片的で、呪文と呪詛用の小像をつくった「彼」が誰なのかはわからない。

しかし別のパピルスに記された同じ陰謀の裁判記録には、呪術師やセクメト神官長、ペル・アンク（神殿の文書室）の二人の書記が被告人として登場している。*74 これらの人物は呪いのための参考資料として神殿所蔵の呪術文書を閲覧できたはずである。なかでも呪具（呪いの対象に見立てたもの）となる小像や薬の製法に通じていた呪術師かセクメト神官長が、呪いの具体的な準備をした可能性が高い。「ハレムの陰謀」で実際におこなわれたか、あるいはおこなわれようとしていた呪いがどのようなものだったのか、具体的な内容はわからない。ただ蜜蠟でつくられた神像は、儀式で燃やすためのものだったと考えられる。

墓の警告文

古代エジプトにはこの「ハレムの陰謀」のような能動的な呪いと、相手の行動によって発動する受動的な呪いがあった。後者の例としては墓の警告文があげられる。

古代エジプトで副葬品の盗掘が横行していたことはよく知られた話だが、墓の被害はそれだけに止まらなかった。遅くとも古王国時代には、他人の墓を構成する建材を持ち去って自分の墓に使ったり、古い墓の墓室を再利用したりすることがなかば公然とおこなわれていたのである。いうまでもなく墓の所有者からすれば、これは避けたい事態である。その対策のひとつとして墓の礼拝堂に記されたのが警告文だった。*75

たとえばアシュートのジェファアイハピ一世の墓には、「この墓で悪しきことをなし、その銘文を傷つけ、その図像を破壊するすべての人々、すべての書記、すべての賢人、すべての庶民、すべての下層の者たちは、神々のうちで有能な者であるトトの怒りのゆえに倒れるであろう」という銘文がみられる。有名な「ツタンカーメン王の呪い」で紹介される警告文は完全な捏造だが、墓を冒瀆する者に神やアクの罰が下るという発想は、確かに存在していたのである。

呪いの言葉

一方、能動的な呪いの例でよく知られているのは、現在「反乱式文(rebellion formula)」と呼ばれている呪文を用いた儀式である。反乱式文の原形は古王国時代・第六王朝に認められ、中王国時代にはつぎのような定形の呪文として用いられるようになった。

永遠にワワト、サチュウ、イルチェト、イアム、イアネク、マシト、そしてカアアウで反逆するか、あるいは上エジプトや下エジプトに対して陰謀を口にし悪しきことを語って反逆し謀反を企む[この国のあらゆる反逆者、すべての人々、すべての貴人、すべての平民、すべての男]、すべての去勢された者、すべての女、あらゆる族長、[あらゆるヌビア人、あらゆる指導者、あらゆる使者]、あらゆる共謀者、あらゆる国のすべての協力者。*76

これまでみてきたように、たいていの呪文は表題(なにを目的にした呪文か)、本文、処置(護符の製作方法や薬のレシピ）という体裁をもっている。しかし反乱式文は、呪いの対象を列挙するだけの構成になっている。これはこの呪文が、儀式で「殺して」しまう土器の表面やヒト形小像の胴体に書かれることが多かったからだと考えられる。

呪詛に用いられる土器は決まって赤色のもので、これは反乱式文を用いた儀式が、葬儀の際におこなわれたセジュ・デシェルゥト（赤い土器を壊す儀式）と同じ意味をもっていたことを示している。実際のところセジュ・デシェルゥトは、呪詛の一部としておこなわれていたものが葬儀にとり入れられたようだ。この儀式では赤い土器をオシリス神（および死者）の敵対者、つまりセト神とその一味とみなし、土器を壊すことによって敵の脅威が除かれると考えられた[*77]［図6-22］。

赤い土器とともに呪詛に使われるヒト形小像は「呪詛小像」と通称されており、後ろ手に縛られひざまづいた捕虜あるいは罪人の姿をし、捕えられたエジプトの敵対者を表現している［図6-23］。現存する小像は石製あるいは粘土製だが、焼却を目的とする場合は蜜蠟でつくられることもあった。

先に紹介した呪文で言及されているのは、ヌビアの地域名やそこに住む人々である。この部分は呪いの対象によってシリア・パレスチナの国々が列挙される場合もあれば、エジプト人が登場する場合もある。いず

図6-22　セジュ・デシェルゥトに用いられた土器片
（テーベ西岸・ディール・アル＝バハリ出土、第11王朝）

れにしても彼らはエジプト（王）に敵対する存在と考えられ、呪詛の対象になったのである。

反乱式文の内容からわかるように、古代エジプトの呪詛はもともと国の脅威をとり除く、公的な祭祀の性格をもっていた。ただ早くも古王国時代には個人名を含む事例が登場してくることから、少なくともエリート層が個人的な呪詛をおこなうようになっていた可能性がある。

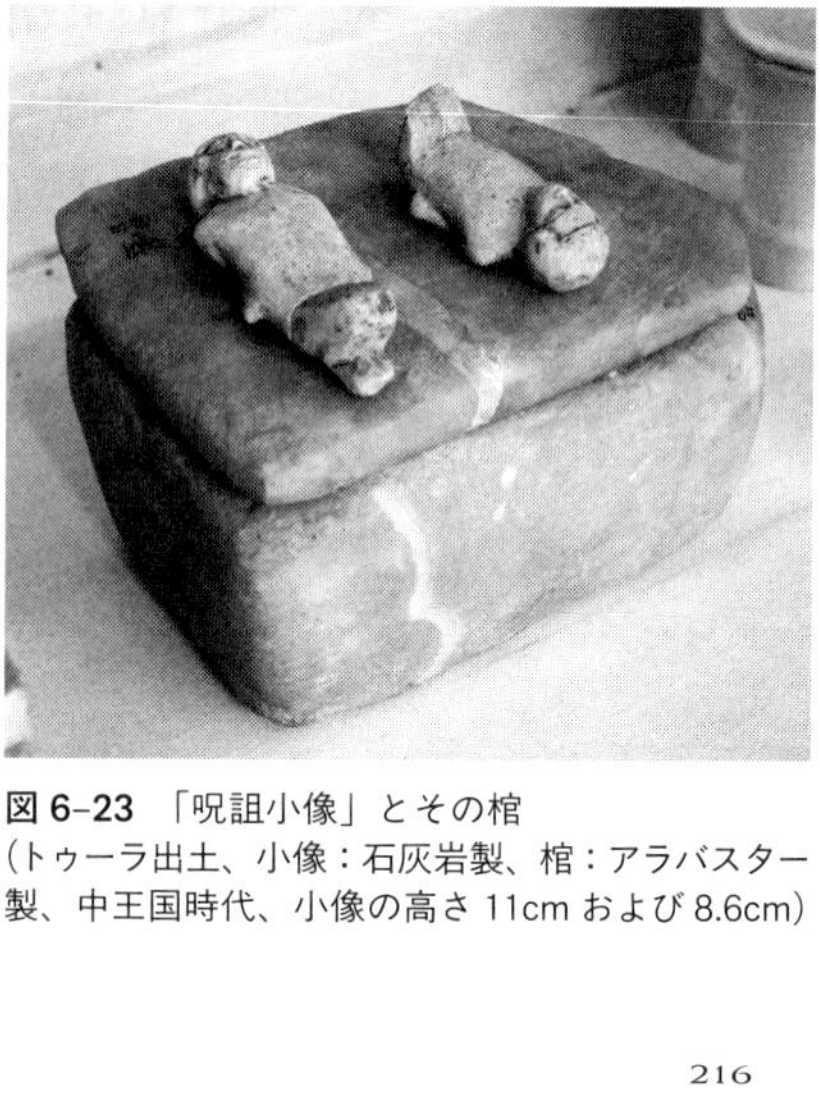

図 6-23　「呪詛小像」とその棺
（トゥーラ出土、小像：石灰岩製、棺：アラバスター製、中王国時代、小像の高さ 11cm および 8.6cm）

ミルギッサの呪詛遺構

第5章のハトホル女神信仰の節で紹介したヌビアのミルギッサでは、中王国時代の要塞から北東に六〇〇メートルほど離れた砂漠の窪地で、呪詛儀式の考古学的な痕跡が複数確認されている。*78

窪地の中央部で発見された直径二メートル、深さ六〇センチほどの大きな埋納坑からは、大量の土器片と丸石、三五〇点ほどの粘土製小像（人間の頭部や足、ウシ、ワニ、ガチョウといった動物、壊された小舟など）、五つの「るつぼ」が出土した。土器片には反乱式文が記されているものがいくつもあり、丸石は土器を壊すのに使われたと考えられた。つまり、セジュ・デシェルゥトがおこなわれた痕跡とみてまちがいなかった。

るつぼは蜜蠟でつくった小像を焼くのに使われ、粘土製小像はいずれも敵とその家畜および移動手段の破壊を示していると、アメリカのエジプト学者R・K・リトナーは解釈している。[*79] 埋納坑の遺物はすきまなく積み上がっていたと報告されており、一度の大規模な呪詛儀式で使用されたものが埋められた跡と考えられる。

窪地中央の埋納坑から北に一一メートル離れた場所では、四体の石灰岩製ヒト形小像が上下逆さまの状態で埋められているのが確認された。[*80] 小像は呪詛小像の特徴を備えており、胴体にはインクで反乱式文が記されていた。また頭頂部には硬いもので繰り返し叩かれた痕跡が認められた。

さらに窪地中央の埋納坑から五メートルほど西では、下顎のない人間の頭蓋骨が上下逆さまの状態で出土した。頭蓋骨の下には椀形の土器が置かれていて、これは頭蓋骨を逆さまに保つための工夫だったようだ。頭蓋骨には赤く着色された蜜蠟が付着しており、リトナーは蜜蠟製の赤い小像が燃やされたと推測している。[*81] 頭蓋骨の近くからはフリント製のナイフや赤い土器の破片も出土しており、窪地中央の埋納坑とおなじく呪詛儀式の痕跡と考えられる。

祈禱文や呪文には「敵対者の頭（あるいは四肢）を切り落とす」といった表現がしばしばみられるものの、王朝時代の儀式で実際に人間の命を奪う行為があったことを示す史資料はほとんどない。しかしミルギッサにおけるこの発見は、古代エジプトでも人間を犠牲にする儀式があったことを示している。呪詛小像が捕虜や罪人をあらわしていることを鑑みると、ミルギッサの犠牲者もエジプト王に抵抗して捕えられたヌビア人だった可能性が考えられる。

呪詛小像や頭蓋骨が上下逆さまに埋められていたのは、神の敵対者が冥界で逆さまの状態で存在しつづけるという処罰を受けることに関連している。同様の措置は、トトメス一世のヌビア遠征やアメンヘテプ二世のシリア遠征の記録にもみられる。これらの史料では、敵の指導者を船の舳先に逆さまに吊り下げて帰路につくことで、戦果を誇示していたことが述べられている。

また頭への攻撃や断頭は、古代エジプトにおける重罪人への処罰と関連している。第一九・二〇王朝に登場する葬送文書『洞窟の書』の挿絵には、頭のない冥界の罪人たちが繰り返し登場する。[*82] 注目されるのは罪人たちが四人一組で表現されていることで、これはミルギッサの呪詛小像が四体のセットで埋納されていたことと符合している。前述したように、四はさまざまな儀式で動作を繰り返す回数として登場する。この数字には「全方位」やそこから派生した「完全な、すべての」という意味が込められているとされ、四人の罪人／捕虜は「すべてのエジプトの敵」を意味していたと解釈できる。[*83]

アコリスのヒト形小像

アコリス遺跡から出土する特徴的な遺物のひとつに、調査隊で「でべそ」と呼ばれている高さ八センチ程度の粘土製ヒト形小像がある［図6-24］。

この呼称の由来は、胴体中央に小さな丸い突起が貼りつけられていることにある。ただしこの突起は胴体前面に複数つけられている例もあり、へそを表現していると断定はできない。各地で奉納物になっていた女性小像をはじめ、ヒト形小像自体はエジプトの出土資料としてめずらしいものではないが、「でべそ」は他遺跡の類例がないアコリス特有の遺物である。

「でべそ」は手足があいまいに表現されている一方で、頭部は首に粘土を巻きつけて大きくつくられている。注目されるのは、この大きな頭部がすべての資料で損傷していることである。こうした傾向はカルナク・ムウト神殿の女性小像が胴体で破損していることに類似しており、「でべそ」の頭部も意図的に傷つけられた可能性が高い。アコリス遺跡の調査で多くの「でべそ」の出土に立ち会ってきた花坂哲は、手足が短く頭が大きいプロポーションからこの小像は幼児を表現したものと考え、「カタシロ」として壊すことで、子どもの健康や安全を祈願したものと主張している。*84

第5章でみてきたように、ムウト神殿出土の女性小像はカタシロ的な用途で壊されたと解釈されており、花坂の考えは決して的外れではない。ただ私は、呪詛小像である可能性を考えている。それは頭部が意図的に破壊されていること、「でべそ」の外形が手足を縛られた呪詛小像と似ていること、そしてアコリスが砂漠の往来を監視する役目をもつ町だったことを根拠にしている。

監視施設およびそこにいる軍隊は現実に外敵と接する可能性があるので、敵の打倒のために呪詛をおこなう機関・組織としてふさわしく、それはミルギッサで大規模な呪詛がおこなわれていたことにもあらわれている。ただしミルギッサと異なり、「でべそ」はアコリスの町中のさまざまな場所から出土する。結びの護符と同じように、一般の住民が儀式に使ったものをとくに配慮なく捨てたような出土状況であり、他

図 6–24 アコリスの粘土製ヒト形小像
頭部が破損し、芯の部分が露出している。
（第 3 中間期）

遺跡の呪詛小像のように埋納坑に収められていたわけではない。胴体の突起はなにを意味しているのかという問題もはっきりした答えは得られておらず、まだまだ検討の余地が残されている資料である。

＊

古代エジプト人が呪術に込めた願いを、私たちは書き残された呪文から読みとることができる。その内容は病気や怪我からの回復や予防、家族の健康や安全といった、現代の私たちの日常的な願いとなにもちがわないものである。このような傾向は、ヒトという種がいだく共通の感覚が、時間や空間を越えて存在していることを実感させる。

書き残された呪文から離れると、庶民のまじないの様子はまだ断片的にしかわからないが、彼らの祈りもまた、日々を幸せに過ごすためのものだったのはまちがいない。書き残された呪文とは異なる行為の痕跡がもっと見出せるようになれば、庶民の祈りの実態をより鮮明に知ることができるようになるだろう。

付録1

イシスとラーの真名[*1]

（一）　最初にあらわれた毒を退けるための呪文。人がその性質を知り、神がそれによって力強くなった言葉。セルケトによって語られる：神聖なる神の呪文、彼はみずからの力であらわれ、天、地、水、生命の息、火、神々、人間、家畜、群れ、爬虫類、鳥、魚、神々と人間の統治をすべて創造し、無数の年を超える限界と［…］多数の名前をもつ。それ（名前）を知る者はいなかった。それ（名前）を知る者はいなかった。いまや、イシスは聡明な女性だった。彼女の心は百万人の男たちよりも狡猾で、数百万柱の神々よりも優れ、数百万のアクよりも厳格だった。彼女が知らないことは天にも地にもなく、それは地上の万物を創造したラーのごとくであった。女神は高貴な神の名を知ろうと心に決めた。いまや、ラーは毎日（太陽の船の）乗組員の先頭を進み、ふたつの地平線の玉座に座していた。

（二）　神聖な老人はその口を弱くし、それで彼は大地によだれを垂らした。彼のよだれは大地に落ちた。イシスはそれをそれに触れた土とともに手ですくい、それを高貴なヘビの形にし、それを尾をもつ形にした、（それは）動くことはできないが、彼女の前で生きていた。彼女はそれを、偉大な神が彼のふたつの土地（＝上下エジプト）を心の欲するままに通る十字路に残した。

（三）　高貴な神は外にあらわれ、（彼に）したがう宮廷の神々（生命！　繁栄！　健康！）とともに、毎日するように散策した。高貴なヘビは彼を嚙み、彼自身から生きた炎が発せられた（＝ヘビの毒が体内にまわった）。それは森のなかで猛威を振るった。偉大な神は彼の口を動かし、かの存在（生命！　繁栄！　健康！）の叫びは天に届いた。彼の九柱神は「どうしたのですか？　どうしたのですか？」と言い、彼の神々は「何ですか？　何ですか？」と言った。彼は答える言葉をみつけることができなかった。彼の唇は震え、彼のすべての四肢はわなないていた。増水がその背後にあるものを押し流すように、毒が彼の肉体を覆いつくした。

（四）　偉大な神は勇気を振りしぼり、彼にしたがう者たちに呼びかけた。「来たれ、私の体から生じた者たちよ、私より出でし神々よ、私はお前たちにその形を知らせよう。痛みが私を刺す。私の心はそれを知らず、私の両眼はそれをみず、私の手はそれを創らず、私が創ったもののなかにそれを認めることができない。私はこのような苦痛を味わったことがない。これより苦痛なものは何もない」

（五）　「私はもっとも古き者の長子、神より生じた神の種なり。私は偉大なる者、偉大なる者の息子なり。私の父は私の名を考えた。私は無数の名と無数の姿をもつ者なり。私の姿はすべての神々として存在し、アトゥム・ホルス・ヘケヌゥ（称賛のホルス）と呼ばれる者なり。私の父と母は私に私の名を告げたが、私はそれを誕生のときから体に隠している。私に敵対する男や女の呪術師が力をもたないようにするために。私は私が創りしものをみるために外に出て、私が創りしふたつの土地を散策し、そして私が知らぬ何かが私を刺した。それは真の火にあらず、それは真の水にあらず、されど私の心は燃え上がり、私の肉体はわななき、すべての四肢が悪寒を生み出している」

（六）　「神々の子らを私のもとへ連れ来たれ。その言葉に力があり、話すことに長け、その知恵が天に届く者を」。そして偉大な神の子らがやって来たが、それぞれ（の神）は混乱していた（＝助ける手立てがみつけられなかった）。イシスは彼女の優れた力とともにあらわれた、彼女の話は生命の息吹、彼女の言葉は苦痛を追い払い、彼女の言葉は喉を詰まらせた者に命を与える。彼女は言った。「どうしたのですか、どうしたのですか、わが神聖なる父よ。ヘビがあなたに弱さをもたらしたのですか？　あなたの子どもたちの一人が、あなたに背いて彼の頭を上げているのですか？　それならば、私は優れた呪文で彼らを打ち倒し、あなたの光から退けることができます」

（七）

神聖な神は口を開いた。「私は道を歩いており、二つの土地と砂漠を散策していた。私の心が、私が創ったものをみることを切望したゆえに。そのとき、私はみえないヘビに嚙まれた。それは真の火にあらず、それは真の水にあらず、されど私は水よりも冷たく、火よりも熱く感じ、私のすべての四肢は汗だくになり、私は震えており、私の眼は定まらず、みることができない。収穫季の雨が私に降り注いでいる（かのようだ）」

（八）

そこでイシスはラーに言った。「私にあなたの名前を教えて下さい、わが父なる神よ。人はその名を呼ばれることで生きるのです」。（ラーは答えた）「私は天と地を創りし者、山々を束ねし者、その上に存在するものの創造者。私は水を創り、ゆえに大いなる泳ぎ手が生まれた。私は牝牛のために牡牛を創り、ゆえに交わりの喜びが生まれた。天と地平線の秘密の創造者にして、そこにいる神々のなかにバアを置きし者。私が両眼を開いたゆえに光が生じ、両眼を閉じたゆえに闇が生じた。私の命によってナイルの増水が生じ、その名は神々も知ることはできない。私は時間の創造者で、ゆえに日々が生じ、私は年を分け、季節を創りし者。私は生きた炎を創り、家の仕事ができるようにした者。私は朝にケプリ、正午にラー、夕暮れにアトゥムである者なり」。（しかし）毒はその進行を止めず、大いなる神は安らぎを得られなかった。

（九）　そこでイシスはラーに言った。「あなたの名前は、あなたが私に告げたなかにありません。私にそれを教えて下さい。人はその名前が発せられることで、毒から開放されるのです」。（ラーの体内の）毒は激しく燃え上がり、それは炎よりも強力だった。そこでラー陛下は言った。「あなたの両耳を貸しなさい、わが娘イシスよ。そうすれば、私の名前が私の体からあなたの体に移るから。神々のなかでもっとも神聖な神がそれを隠し、それゆえ私の地位は数百万の聖船（＝太陽の船）のなかで拡大した。もし同じような機会が起きてあなたの心が望んだら、神の誓いによって彼を縛ったのちに、それを息子のホルスに伝えよ、神が彼にふたつの眼を与えるであろう」。大いなる神は、彼の名前を偉大な呪術師イシスに告げた。「流れでよサソリたち、ラーより立ち去れ、ホルスの眼よ、神から立ち去れ、口の炎（＝毒）よ！　私はお前を創りし者、私はお前を遣わした者、地にいでよ毒よ、私は力をもつ、みよ、偉大なる神は彼の名において立ち上がった。ラーは生き、毒は死んだ。〇〇から生まれし△△（患者の名）は生き、毒は死んだ」。これは、ラー自身の名を知る偉大なる神々の女主イシスの言葉による。

この言葉をアトゥム・ホルス・ヘケヌゥの像、イシスの像、ホルスの像の上で唱えること。（神々の姿を）噛まれた患者の手の上に描き、その男に舐めとらせること。そして同様に良質な亜麻の細布に（神々を）描き、噛まれた患者の首に置くこと。薬はサソリ草をビールかワインと一緒にすりつぶし、サソリに刺された患者に飲ませること。それが毒を殺す。その効果は何百万回も証明されている。

付録2

年の最後の日の書[*2]

おおセクメト、偉大なるもの、アシェルウの女主よ！

おおシェンティト、ブシリスに住むものよ！

おお支配者、ラー、天界の主よ！

［おお］シェセムテト、プントの女主よ！

おおホルス、べヘデトの主よ！

おおセベク、湿地の主よ！

おおアシェルウの眼よ！

おおラーの眼よ、二国の女主、炎の島の支配者よ！

［おお］ホルス、オペトの祝福された魂よ！

おおヘリ・バク・エフ（「彼のモリンガ樹の下にいる者」）、ホルス、シェネトの主よ！

おおイレト・ヘル・アケト（「ホルスの輝かしい眼」）よ、ワインの女主よ！

おおクヌムよ、三〇の館の主よ！

ようこそ、そこにおわす神々よ、セクメトを待ち受ける、ラーの眼から出でし殺戮者たち、使者たちはあらゆる地方におり、虐殺をもたらし、騒動を引き起こし、国土を駆けめぐり、彼らの口から矢を放ち、遠く［から］見通す。

行きたまえ、私から［離れて］、行きたまえ、私はあなたと行くことはない。

あなたは私に対して力を及ぼしてはならない、あなたは私に［…］を与えてはならない、あなたは
［…］私に［…］あなたの［活動？］を［…］してはならない。

あなたはこの年のあらゆる不幸を私に［引き渡しては］ならない。私は彼の眼にあらわれるラー
（なのだから）。

私はセクメトとしてあらわれ、私はウアジェトとしてあらわれる。私は彼の頭の背後にいるアトゥ
ム（なのだから）。

私はふたつの土地に住むアトゥム、私は神殿にいる［…］、人類の支配者、神々を創りし者、彼へ
の尊敬を生み出した虐殺の主なり。

私は力強き者であり、［高貴で］崇高な［…］

私はあなたの殺戮に倒れはしない、ペにいる者よ！

私はあなたの殺戮に倒れはしない、デプにいる者よ！

私はあなたの殺戮に倒れはしない、レトポリスにいる者よ！

私はあなたの殺戮に倒れはしない、ヘリオポリスにいる者よ！

私はあなたの殺戮に倒れはしない、ブシリスにいる者よ！

私はあなたの殺戮に倒れはしない、アビドスにいる者よ！

私はあなたの殺戮に倒れはしない、ケル・アハにいる者よ！

私はあなたの殺戮に倒れはしない、天界にいる者よ！

私はあなたの殺戮に倒れはしない、地上にいる者よ！

私はあなたの殺戮に倒れはしない、牧草地にいる者よ！

私はあなたの殺戮に倒れはしない、河の境界にいる者よ！

ようこそ、恐ろしい若きもの［…］年の［…］に［…］さまよう魔物の長よ。ウアジェトは鎮まりたり！

さまよう魔物たちの攻撃（？）は通りすぎるであろう、彼らは［…］アメン・レン・エフ（「隠れたる名」）のために偉業［をなし遂げる］。

私の敵は私の足裏の下にあり、生命は私の鼻先にある。［私の］魔術は私の肉体の守りであり、それゆえに私は健全に保たれている。

私の境界（？）は私の望みに従い割り当てられる。私は神々のおわす天界にいる。こうして二女神は彼らの子どもを無事に守っている。

ホルスよ、セクメトの若芽よ、私の肉体の背後に（身を置きたまえ）、それによって生涯は全きものとなる！


良質な一片の亜麻布の上で唱えるべき言葉。これらの神々はその上に描かれ、それには一二の結び目がつくられる。それらにパン、ビール、薫香を捧げること。男の喉につけること。その年の疫病［から］男を救う（手段）。敵は彼に対して無力であろう。セクメトとトトの従者である神々をなだめる手段。年の終わりの日から年のはじめの日（まで）、ウアグ祭に、そしてエルヌテト（レネヌテト）祭の夜明けに、男によって唱えられる言葉。

おわりに

世界全体でみても、古代エジプト文明のイメージは「ピラミッド」「ツタンカーメン」「ミイラ」、そして「クレオパトラ」といったものでできあがっています。でもこれらは古代エジプト文明の看板のようなもので、看板が掲げられている店のなかには名もなき従業員がたくさんいて、彼らの働きで立派な看板を出すことができたことが忘れられがちです。

しかし従業員たち、つまり庶民（非エリート層）一人ひとりにも人生があり、一生のうちにはさまざまな喜び、苦しみがあったはずです。そのような場面で彼らは何を考え、どのように対処していたのか。その内容を知り、彼らを実体のある「人」としてとらえたい。そのような関心から、本書ができあがりました。

とはいえ、もの言わぬ庶民の祈りの痕跡をつきとめ、そこにどのような想いが込められていたかを解き明かすのは容易なことではありません。ただ呪文の類は日常のさまざまな場面で使われており、私が調査に参加しているアコリス遺跡では呪文と結びつく遺物が豊富に出土することから、庶民の精神文化を考える糸口になると考えています。

二〇世紀初頭に「エジプト考古学の父」F・ピートリが日常生活で使われたさ

まざまな遺物に目をむけましたが、その流れがそのままエジプト学の柱のひとつになることはありませんでした。しかし二〇世紀終わりにB・J・ケンプ、そして近年はR・ブスマンやG・ミニアッチをはじめとする複数のエジプト学者が、庶民を視野に入れたエジプト社会の研究を発表するようになり、明らかに潮流は変わってきました。私も庶民自身が遺した資料の研究をさらに進め、彼らの存在をより鮮明に描き出したいと考えています。

本書でとり上げたことの多くは、エジプトの現地調査で得た経験・知見と、さまざまな講義や講座で話したことが下地になっています。現地調査への道を開いていただいた吉村作治先生、近藤二郎先生をはじめとする早稲田大学エジプト学研究所のみなさん、出土資料の研究を後押ししてくださる川西宏之先生ならびにアコリス遺跡調査団のみなさん、学んだことを還元する機会を与えてくださる講座の運営のみなさん、受講者のみなさん、そしていつも心の支えになっている家族に御礼を申し上げます。本書は多くの方々のご支援を得てかたちになりました。

本書を刊行するにあたり、内田杉彦先生には草稿に目を通していただき、示唆に富んだご指摘をいくつも頂戴しました。そのお陰で、誤解や理解不足をあらためて、本書をまとめることができました。深く感謝いたします。

二〇二五年二月

和田浩一郎

66 Stevens, A. 2006: *Private Religion at Amarna: Material Evidence*, Oxford, 29ff.
67 Petrie, W. M. F. 1914: *Amulets*, London.
68 山崎世理愛 2022：「エジプト中王国時代における器物奉献儀礼の変容とその社会的背景」,『オリエント』第65巻・第1号, 日本オリエント学会, pp. 1-17.
69 Quirke, S. 2013: *Going Out in Daylight - prt m hrw the Ancient Egyptian Book of the Dead*, London, p. 385.
70 Quirke 2013: ibid. p. 405.
71 Dawson, W. R. 1927: "The Number "Seven" in Egyptian Texts", *Aegyptus* 8 (1/2), pp. 97-107; Pinch 2006: ibid. pp. 37-38.
72 Dieleman, J. and Fischer-Elfert, H. W. 2017: "A Textual Amulet from Theban Tomb 313 (Papyrus MMA 26.3.225)", *Journal of the American Research Center in Egypt* 53, pp. 243-257.
73 P. Rollin, 翻訳 Ritner 1993: ibid. pp. 193-194.
74 Vernus, P. 2003: *Affaires and Scandals in Ancient Egypt*, Ithaca and London, p. 115.
75 Uchida, S. 1993: "The Destruction of Tomb Reliefs in the Old Kingdom -An Aspects of the Tomb Violation -", *Orient* 29, pp. 77-92.
76 Ritner 1993: ibid. p. 139.
77 セジュ・デシェルゥトの意味をめぐる近年の再検討は, Hertel, E. L. 2023: *Breaking the dšr.t -Vessels: An Ancient Egyptian Fragmentation Rite*, Oxford. を参照のこと。
78 Vila, A. 1963: "Un dépôt de textes d'envoûtement au Moyen Empire", *Journal des savants*, 1963 no. 3, pp. 135-160.
79 Ritner 1993: ibid. pp. 159-160.
80 Vila 1963: ibid. p. 147.
81 Ritner 1993: ibid. p. 163.
82 Hornung, E. 1999: *The Ancient Egyptian Books of the Afterlife*, Ithaca and London, pp. 91-95.
83 Ritner 1993: ibid. pp. 161-162.
84 花坂哲 2009:「アコリス遺跡における「豊穣の民間信仰」—土製ヒト形小像から探る—」,『筑波大学 先史学・考古学研究』第20号, pp. 51-74.

付録

1 P. Turin 1993, P. Chester Beatty 11ほか, https://www.ucl.ac.uk/museums-static/digitalegypt/literature/isisandra.html および Ritner, R. K. 2003: "The Legend of Isis and the Name of Re (P. Turin 1993)", Hallo, W. W. and Younger, K. L. (eds.) *The Context of Scripture*, Vol. 1: Canonical Compositions from the Biblical World, Leiden, pp. 33-34.
2 Leiden I 346, 翻訳 Borghouts 1978, pp. 12-14.

130.

41 Wegner 2009: ibid. pp. 459-460.

42 Quirke, S. 2016: *Birth Tusks: The Armoury of Health in Context - Egypt 1800 BC*, London, p. 239.

43 Allen 2005: ibid. p. 29.

44 Roth, A. M. 1992: "The Psš-kf and 'Opening of the Mouth' Ceremony: A Ritual of Birth and Rebirth", *The Journal of Egyptian Archaeology* 78, pp. 113-147.

45 屋形禎亮 1978：「ウェストカー・パピルスの物語」，『古代オリエント集』，筑摩書房，p. 423.

46 Strouhal et al. 2014: ibid. p. 172.

47 Wente, E. F. 2003: "The Tale of the Doomed Prince", in Simpson, W. K. (ed.), *The Literature of Ancient Egypt* (3rd ed.), New Heaven and London, p. 75.

48 Janssen and Janssen 1990: ibid. 90ff.

49 Redmount, C. A. and Friedman, R. 1997: "Tales of a Delta Site: The 1995 Field Season at Tell el-Muqdam", *Journal of the American Research Center in Egypt* 34, pp. 63-64.

50 Borghouts 1978: ibid. pp. 82-83.

51 Jankuhn, D. 1972: *Das Buch "Schutz des Hauses" (s3-pr)*, Bonn, p. 5.

52 O. Gardiner 363，翻訳 Ritner, R. K. 1990: "O. Gardiner 363: A Spell Against Night Terrors", *Journal of American Research Center in Egypt* 27, pp. 25-41.

53 Szpakowska, K. 2003: "Playing with Fire: Initial Observations on the Religious Uses of Clay Cobras from Amara", *Journal of American Research Center in Egypt* 40, pp. 119-122.

54 Hornung, E., Krauss, R. and Warburton, D. A. 2006: "Methods of Dating and the Egyptian Calendar", in Hornung, E., Krauss, R. and Warburton, D. A. (eds.), *Ancient Egyptian Chronology*, Leiden, p. 47

55 Spalinger, A. 2018: *Feasts and Fights: Essays on Time in Ancient Egypt*, New Haven, pp. 10, 13-14.

56 プルタルコス 1996:『エジプト神イシスとオシリスの伝説について』（柳沼重剛訳），岩波書店，pp. 30-32 を要約。

57 Spalinger, A. 1995: "Some Remarks on the Epagomenal Days in Ancient Egypt", *Journal of Near Eastern Studies* 54, p. 33.

58 P. Leiden I 346，翻訳 Borghouts 1978: ibid. pp. 12-14.

59 Scheidel, W. 2001: *Death on the Nile: Disease and Demography of Roman Egypt*, Leiden, p. 18.

60 Petrie, W. M. F. 1891: *Illahun, Kahn and Gurob*, London, p. 8.

61 Arnold, F. 2015: "Clean and Unclean Space: Domestic Waste Management at Elephantine", in Müller, M. (ed.), *Household Studies in Complex Societies*, Chicago, pp. 151-168.

62 Drummond, D., Janssen, R. M. and Janssen, J. J. 1990: "An Ancient Egyptian Rat Trap", *Mitteilungen des Deutschen Archäologischen Instituts Abteilung Kairo* 46, pp. 91-98.

63 内田杉彦 2013：「古代エジプトの「お守り」」，『明倫短期大学紀要』第 16 巻・第 1 号，明倫短期大学，pp. 10-17.

64 Pinch 2006: ibid. p. 56.

65 Andrews, C. 2001: "Amulets" in Redford, D. B. (ed.), *The Oxford Encyclopedia of Ancient Egypt* Vol. I, Oxford, p.78.

pp. 113-114.

16 Pinch 2006: ibid. pp. 76-77.

17 Wente, E. F. 2003: "The Book of the Heavenly Cow", in Simpson, W. K. (ed.), *The Literature of Ancient Egypt* (3rd ed.), New Heaven and London, p. 295.

18 Miniachi, G. 2020: *The Middle Kingdom Ramesseum Papyri Tomb and it's Archaeological Context*, London.

19 アンクマホルの墓（サッカラ・第六王朝）の銘文，翻訳 Kanawati, N. and Hassan, A. 1997: *The Teti Cemetery at Saqqara, Vol. II The Tomb of Ankhmahor*, Warminster, p. 31.

20 Borghouts, J. F. 1978: *Ancient Egyptian Magical Texts*, Leiden, p. 87.

21 Borghouts 1978: ibid. p. 50.

22 P. Brooklyn 47.218.48 および 47.218.85

23 Nunn, J. F. 1996: *Ancient Egyptian Medicine*, London, pp. 183-184; Popko, L., Stegbauer, K. and Feder, F. 2024: *Papyrus Brooklyn 47,218,48 + 47,218.85*, in Science in Ancient Egypt (https://sae.saw-leipzig.de/de/dokumente/papyrus-brooklyn-47-218-48-47-218-1.85?version=65)

24 Allen, J. P. 2005: *The Art of Medicine in Ancient Egypt*, New York, pp. 63-64.

25 Popko, L. 2024: *Papyrus Ebers*, in Science in Ancient Egypt (https://sae.saw-leipzig.de/en/documents/papyrus-ebers?version=440)

26 Allen 2005: ibid. 70ff.

27 P. Leiden I 348，翻訳 Borghouts 1978: ibid. p. 30.

28 内田杉彦 2017:「古代エジプトの神話と呪術」，『明倫短期大学紀要』第 20 巻・第 1 号，明倫短期大学，p. 29.

29 P. BM 10059，翻訳 Leitz 1999: ibid. p. 63.

30 Beck, S. 2018: *Exorcism, Illness and Demons in an Ancient Near Eastern Context: The Egyptian Magical Papyrus Leiden I 343 + 345*, Leiden.

31 Tsujimura, S. 1995: "Primitive Beliefs in Tehneh Village", in *Akoris: Report of the Excavations at Akoris in Middle Egypt 1981-1992*, Kyoto, p. 471.

32 Pinch 2006: ibid. pp. 82-83.

33 Pinch 2006: ibid. pp. 124-125.

34 Janssen, R. M. and Janssen, J. J. 1990: *Growing Up in Ancient Egypt*, London, p. 6.

35 Bruyère, B. 1939: *Rapport sur les fouilles de Deir el Médineh (1934–1935)*, III: *Le village, les décharges publiques, la station de repos du col de la Vallée de Rois*, Cairo, p. 64.

36 Weiss, L. 2009: "Personal Religious Practice: House Alters at Deir el-Mdeina", *The Journal of Egyptian Archaeology* 95, p. 208.

37 Blackman 1927: ibid. p. 63.

38 Wegner, J. 2009: "A Decorated Birth-Brick from South Abydos: New Evidence on Childbirth and Birth Magic in the Middle Kingdom", in Silverman, D. P., Simpson, W. K. and Wegner, J. (eds.), *Archaism and Innovation: Studies in the Culture of Middle Kingdom Egypt*, New Heaven, p. 483.

39 Wegner 2009: ibid. pp. 480-485.

40 P. Berlin 3027, F 5,8-6,8，翻訳 Strouhal, E., Vachala, B. and Vymazalová, H. 2014: *The Medicine of the Ancient Egyptians 1: Surgery, Gynecology, Obstetrics, and Pediatrics*, Cairo, p.

36 Ikram, S. 2015: "Speculations on the Role of Animal Cults in the Economy of Ancient Egypt", in Massiera, M., Mathieu, B. and Rouffet, Fr. (eds.), *Apprivoiser le Sauvage / Taming the Wild*, Montpellier, p. 217.
37 Ikram, S. 2005: "Dvine Creatures: Animal Mummies", in Ikram, S. (ed.), *Divine Creatures: Animal Mummies in Ancient Egypt*, Cairo, p. 14.
38 Ray, J. D. 1976: *The Archive of Hor*, London, p. 140.
39 Ikram 2005: ibid. p. 10.
40 Ray, J. D. 2005: "An Inscribed Linen Plea from the Sacred Animal Necropolis, North Saqqara", *The Journal of Egyptian Archaeology* 91, pp. 171-179.
41 Ray 1976: ibid. pp. 61-63.
42 ヘロドトス 1971:『歴史』上巻（松平千秋訳），岩波書店，巻三・二九
43 Kemp, B. J. 2006: *Ancient Egypt: Anatomy of a Civilization* (2nd ed.), London and New York, pp. 375-377.
44 Ray 1976: ibid. p. 62.
45 Bussmann 2019: ibid. p. 80.
46 Pinch 1993: ibid. pp. 241-243.

第6章

1 Allen, J. P. 1988: *Genesis in Egypt: The Philosophy of Ancient Egyptian Creation Accounts*, New Haven, p. 37.
2 Ritner, R. K. 1993: *Mechanics of Ancient Egyptian Magical Practice*, Chicago, pp. 17, 20.
3 Waraksa, E. A. and Baines, J. 2017: "Popular Religion (Volksreligion)" in Assmann, J. and Roederm H. (eds.), *Handbuch der Altägyptischen Religion*, (Pre-Print), p. 4.
4 Baines, J. 1991: "Society, Morality, and Religions Practice", in Shafer, B. E. (ed.), *Religion in Ancient Egypt: Gods, Myths, and Personal Practice*, Ithaca and London, p. 135.
5 Blackman, W. S. 1927: *The Fellahin of Upper Egypt: Their Religious Social and Industrial Life To-day with Special Reference to Survivals from Ancient Times*, London, pp. 65, 219.
6 Toivari-Viitala, J. 2001: *Women at Deir el-Medina: A Study of the Status and Roles of the Female Inhabitants in the Workmen's Community during the Ramesside Period*, Leiden, pp. 228-231.
7 Blackman 1927: ibid. p. 183.
8 Ritner 1993: ibid. p. 220; Forshaw, R. 2013: The Role of the Lector (hry-hbt) in Ancient Egyptian Society, Ph. D. Thesis, University of Manchester, 292ff.
9 Leitz, C. 1999: *Magical and Medical Papyri of the New Kingdom*, London, pp. 39-40.
10 Raven, M. J. 1997: "Charms for Protection during the Epagomenal Days", in van Dijk, J. (ed.), *Essays on Ancient Egypt in Honour of Herman te Velde*, Groningen, p. 279.
11 Raven, M. J. 2019: *Egyptian Magic: The Quest for Thoth's Book of Secrets*, Cairo, p. 63.
12 Pinch, G. 2006: *Magic in Ancient Egypt* (rev. ed.), Austin, p. 81.
13 Raven 2019: ibid. p. 65.
14 Pinch 2006: ibid. p. 50.
15 McDowell, A. G. 1999: *Village Life in Ancient Egypt: Laundry Lists and Love Songs*, Oxford,

on Lived Religion: Practices - Transmission - Landscape, Leiden, p. 82.

7 Dreyer, von G. 1986: *Elephantine VIII: Der Temple der Satet. Die Funde I,* Mainz am Rhein.

8 Zivie-Coche, C. 2002: *Sphinx: History of a Monument,* Ithaca and London, pp. 46-47.

9 Bryan, B. M. 1991: *The Reign of Thutmose IV,* Baltimore and London, p. 38, 145ff.

10 Lehner, M. 1997: *The Complete Pyramids,* London and New York, pp. 130-132.

11 Zivie-Coche 2002: ibid. pp. 66-67.

12 Hassan, S. 1953: *The Great Sphinx and its Secrets: Historical Studies in the Light of Recent Excavations,* Cairo.

13 DuQuesne, T. 2009: *The Salakhana Trove: Votive Stelae and Other Objects from Asyut,* London.

14 DuQuesne 2009: ibid. p. 79.

15 Kahl, J., El-khadragy, M. and Feuerbach, U. 2006: "The Asyut Project: Third Season of Fieldwork", *Studien zur Altägyptischen Kultur* 34, p. 242.

16 DuQuesne 2009: ibid. p. 83.

17 Dreyer, von G. 1998: *Umm el-Qaab I: Das prädynastische Königsgrab U-j und seine frühen Schriftzeugnisse,* Mainz am Rhein, pp. 15-16.

18 Budka, J. 2010: "Die Keramik des Osiriskults: Erste Beobachtungen zu Formen, Datierung und Funktion", *Mitteilungen des Deutschen Archäologischen Instituts Abteilung Kairo* 66, pp. 57-58.

19 Budka, J. 2019: "Re-awakening Osiris at Umm el-Qaab (Abydos): New Evidence for Votive Offerings and other Religious Practices", in Staring N., Twiston Davies H. and Weiss L. (eds.), *Perspectives on Lived Religion: Practices - Transmission - Landscape,* Leiden, p. 17.

20 Budka 2019: ibid. p. 22.

21 Pinch 1993: ibid. p. 23.

22 チャウイの方形座像（大英博物館 EA1459），銘文翻訳 Pinch 1993: ibid. p. 333 を一部修正。

23 Pinch 1993: ibid. p. 123.

24 Castel, G. and Regen, I. 2020: "Figurines féminines de Gebel el-Zeit (Égypte)", in Donnat, S., Hunziker-Rodewald, R. and Weygand, I. (eds.), *Figurines féminines nues: De l'Égypte à l'Asie centrale,* Paris, pp. 30-32.

25 Régen, I. and Soukiassian, G. 2008: *Gebel el-Zeit: II. Le matériel inscrit,* Cairo.

26 Castel and Regen 2020: ibid.; Castel 2024: *Gebel el-Zeit III: Les figurines féminines en terre cuite,* Cairo.

27 Pinch 1993: ibid. 198ff.

28 Waraksa, E. A. 2009: *Female Figurines from the Mut Precinct: Context and Ritual Function,* Göttingen, p. 19.

29 Borghouts, J. F. 1978: *Ancient Egyptian Magical Texts,* Leiden, pp. 32-33.

30 Pinch 1993: ibid. pp. 331-332.

31 Castel 2024: ibid. pp. 204-205.

32 Karlin, C. 1970: "Le sanctuaire d'Hathor", in Vercoutter, J., *Mirgissa I,* Paris, pp. 313-362.

33 Pinch 1993: ibid. p. 281.

34 Wente, E. F. 2003: "The Book of the Heavenly Cow", in Simpson, W. K. (ed.), *The Literature of Ancient Egypt* (3rd ed.), New Heaven and London, p. 296.

35 ヘロドトス 1971:『歴史』上巻（松平千秋訳），岩波書店，巻三・二八

16 Sadek, A. I. 1987: *Popular Religion in Egypt during the New Kingdom,* Hildesheim, p. 76.

17 Stevens, A. 2009: "Domestic Religious Practices", in Wendrich, W. (ed.), *UCLA Encyclopedia of Egyptology,* (https://escholarship.org/uc/item/7s07628w)

18 Moeller 2016: ibid. pp. 220-226.

19 Szpakowska, K. 2008: *Daily Life in Ancient Egypt,* Malden and Oxford, pp. 126-127.

20 Petrie, W. M. F. 1891: *Illahun, Kahn and Gurob,* London, p. 7, Pl. XVI.6.

21 Petrie, W. M. F. 1890: *Kahun, Gurob, and Hawara*, London, p. 30.

22 Arnold, F. 1996: "Settlement Remains at Lisht-North", in Bietak, M. (ed.), *Haus und Palast im alten Ägypten,* Wien, pp. 15-17.

23 Mace, A. 1921: "The Egyptian Expedition 1920-1921 I: Excavations at Lisht", *Bulletin of the Metropolitan Museum of Art* 16, Figs. 3, 12.

24 Ancient Egypt Research Associates 2012: "Memphis, a City Unseen: Joint AREA-ARCE-EES Beginners Field School Excavates Oldest Part of Egypt's Ancient Capital City", *AREA GRAM* 13(1), p. 6; Mota, S. 2018: "Beyond the Obvious: The Middle Kingdom Sources and its Contribution to the Study of Household Religion in Ancient Egypt", *Égypte Nilotique et Méditerranéenne* 11, pp. 27-28.

25 Smith, S. T. 2003: *Wretched Kush: Ethnic Identities and Boundaries in Egypt's Nubian Empire,* London, pp. 127-131.

26 Moeller, N. and Marouard, G. 2020: "Tell Edfu", *The Oriental Institute Annual Report 2018/19,* Chicago, pp. 150-151.

27 Weiss, L. 2015: *Religious Practice at Deir El-Medina,* Leiden, 35ff.

28 Stevens 2009: ibid. p. 5.

29 Keith, J. L. 2011: *Anthropoid Busts of Deir el Medineh and Other Sites and Collections,* Cairo, 89ff.

30 Quirke, S. 2015: *Exploring Religion in Ancient Egypt,* Chichester, p. 61.

31 Weiss 2015: ibid. p. 183.

第５章

1 Pinch, G. 1993: *Votive Offerings to Hathor,* Oxford, pp. 328-330.

2 Bussmann, R. 2019: "Practice, Meaning and Intention: Interpreting Votive Objects from _ Ancient Egypt_", in Staring, in Staring N., Twiston Davies H. and Weiss L. (eds.), *Perspectives on Lived Religion: Practices - Transmission - Landscape,* Leiden, pp. 81-82.

3 Pinch 1993: ibid. p. 330.

4 彫像等の埋納坑がもっていた観念的な意味については，Coulon, L., Egels, Y., Jambon, E. and Laroze, E. 2019: "Looking for Contexts: Recent Work on the Karnak Cachette Project", in Masson-Berghoff, A. (ed.), *Statues in Context: Production, Meaning and (Re)uses,* Leuven, pp. 219, 223. を参照。

5 Bussmann, R. 2011: "Local Traditions in Early Egyptian Temples", in Friedman, R. F. and Fiske, N. (eds.), *Egypt at Its Origins 3,* Leuven, pp. 747-762.

6 Bussmann, R. 2019: "Practice, Meaning and Intention: Interpreting Votive Objects from _ Ancient Egypt_", in Staring, in Staring N., Twiston Davies H. and Weiss L. (eds.), *Perspectives*

10 Černy, J. 1935: "Questions adressées aux orales", *Bulletin de l'Institut Français d'Archéologie Orientale* 35, pp. 41-58; McDowell 1999: ibid. pp.108-109.

11 Szpakowska, K. 2003: *Behind Closed Eyes: Dreams and Nightmares in Ancient Egypt,* Swansea.

12 P. Chester Beatty III（大英博物館 EA10683,3), 翻訳 Szpakowska 2003: ibid. pp. 82, 102-103.

13 Leahy, A. 1989: "A Protective Measure at Abydos in the Thirteenth Dynasty", *The Journal of Egyptian Archaeology* 75, p. 57.

14 O'Connor, D. 2009: *Abydos: Egypt's First Pharaohs and the Cult of Osiris,* London, pp. 89-90.

15 Lichtheim, M. 1988: *Ancient Egyptian Autobiographies Chiefly of the Middle Kingdom: A Study and an Anthology,* Freiburg and Göttingen, p. 78.

16 Leahy 1989: ibid.

17 O'Connor 2009: ibid. pp. 92-96.

第4章

1 和田浩一郎 2014:『古代エジプトの埋葬習慣』, ポプラ社, pp. 294-296.

2 Spalinger, A. 1985: "A Redistributive Pattern at Assiut", *Journal of the American Oriental Society* 105(1), pp. 7-20.

3 Gardiner, A. H. and Sethe, K. 1928: *Egyptian Letters to the Dead: Mainly from the Old and Middle Kingdoms,* London.

4 "Cairo bowl"（カイロ・エジプト博物館 CG 25375), 翻訳 Gardiner and Sethe 1928: ibid. p. 7.

5 Parkinson, R. B. 1991: *Voices from Ancient Egypt: An Anthology of Middle Kingdom Writings,* London, p. 142.

6 Baines, J. 1987: "Practical Religion and Piety", *The Journal of Egyptian Archaeology* 73, p. 87.

7 Moeller, N. 2016: *The Archaeology of Urbanism in Ancient Egypt: From the Predynastic Period to the End of the Middle Kingdom,* Cambridge, p. 182.

8 Raue, D. 2014: "Sanctuary of Heqaib" in W. Wendrich (ed.), *UCLA Encyclopedia of Egyptology,* p. 12. (https://escholarship.org/uc/item/2dp6m9bt)

9 Bomann, A. H. 1991: *The Private Chapel in Ancient Egypt: A Study of the Chapels in the Workmen's Village at El Amarna with Special Reference to Deir el Medina and Other Sites,* London, 73ff.

10 McDowell, A. G. 1999: *Village Life in Ancient Egypt: Laundry Lists and Love Songs,* Oxford, p.95.

11 Bussmann, R. 2017: "Personal Piety: An Archaeological Response", in Miniaci, G., Betrò, M. and Quirke, S. (eds.), *Company of Images: Modeling the Imaginary World of Middle Kingdom Egypt (2000-1500 BC),* Leiden, pp. 71-92.

12 Bruyère, B. 1930: *Mert Seger à Deir el Médineh,* Cairo.

13 Vernus, P. 2000: "La grotte de la Vallée des Reines dans la piété personnelle des ouvriers de la Tombe (BM 278)", in Demarée, R. J. and Egberts, A. (eds.), *Deir el-Medina in the Third Millennium AD,* Leiden, p. 335.

14 McDowell 1999: ibid. p. 101.

15 Davies, N. G. 1934: "A High Place at Thebes", *Mélanges Maspero I: Orient Ancien,* Cairo, pp. 241-250.

Karnak and Luxor", in Ragavan, D. (ed.), *Heaven on Earth: Temples, Ritual and Cosmic Symbolism in the Ancient World,* Chicago, pp. 285-318.

26 Salvador, C. 2023: "Graffiti at the South-East Door of the Court of the Tenth Pylon at Karnak: Staff Only Beyond this Point?", in Ragazzoli, C., Hassan, K. and Salvador, C. (eds.), *Graffiti and Rock Inscriptions from Ancient Egypt,* Cairo, pp. 373-374.

27 Waraksa, E. A. and Baines, J. 2017: "Popular Religion (Volksreligion)" in Assmann, J. and Roederm H. (eds.), *Handbuch der Altägyptischen Religion,* (Pre-Print), p. 14.

28 Nims, C. F. 1969: "Thutmosis III's Benefactions to Amon", in *Studies in Honor of John A. Wilson,* Chicago, p. 70.

29 Gallet, L. 2013: "Karnak: the Temple of Amun-Ra-Who-Hears-Prayers", in Wendrich, W. (ed.), *UCLA Encyclopedia of Egyptology,* (https://escholarship.org/uc/item/3h92j4bj)

30 Sadek, A. I. 1987: *Popular Religion in Egypt during the New Kingdom,* Hildesheim, pp. 16-18.

31 Minas-Nerpel, M. 2018: "The Contra-temple at Shanhûr", in van Heel, K. D., Hoogendijk, F. A. J. and Martin, C. J. (eds.), *Hieratic, Demotic and Greek Studies and Text Editions,* Leiden, pp. 32-45.

32 Sadek 1987: ibid. pp. 265-266.

33 *Medinet Habu* Vol. VIII: *The Eastern High Gate with Translations of Texts,* Chicago 1970, p. xi.

34 Brand, P. 2007: "Veils, Votives, and Marginalia: The Use of Sacred Space at Karnak and Luxor", in Dorman, P. F. and Bryan, B. M. (eds.), *Sacred Space and Sacred Function in Ancient Thebes,* Chicago, p. 59.

35 Brand 2007: ibid. pp. 61-62.

36 Frood 2013: ibid. p. 290.

37 「ハプの子」アメンヘテプの座像（カイロ・エジプト博物館 JE 44861），銘文翻訳 Simmance, E. B. 2017: Communication with the Divine in Ancient Egypt: Hearing Deities, Intermediary Statues and Sistrophores, Ph. D. Thesis, University of Birmingham, p. 343.

第3章

1 Weiss, L. 2015: *Religious Practice at Deir El-Medina,* Leiden, pp. 92-93.

2 ヘロドトス 1971:『歴史』上巻（松平千秋訳），岩波書店，巻二・六〇

3 Fukaya, M. 2019: *The Festivals of Opet, the Valley, and the NewYear: Their Socio-religious Functions,* Oxford, p. 34.

4 Ostraca Petrie 21（ロンドン大学ピートリ博物館 UC 39622），翻訳 Demarée, R. J. 1982: "'Remove your Stela' (O. Petrie 21 = *Hier. Ostr.* 16,4)" , in Demarée, R. J. and Janssen, J. J. (eds.), *Gleanings from Deir el-Medîna,* Leiden, pp.101-102; McDowell, A. G. 1999: *Village Life in Ancient Egypt: Laundry Lists and Love Songs,* Oxford, pp. 173-174.

5 Kruchten, J.-M. 2001: "Oracles" in Redford, D. B. (ed.), *The Oxford Encyclopedia of Ancient Egypt* Vol. II, Oxford, pp. 610-611.

6 McDowell 1999: ibid. pp. 174-175.

7 Fukaya, M. 2012: "Re-examination of the Egyptian Oracle",『哲学・思想論叢』30, pp. 88-75.

8 Kruchten 2001: ibid. p. 610.

9 Baines, J. 1987: "Practical Religion and Piety", *The Journal of Egyptian Archaeology* 73, p. 89.

第2章

1 Wente, E. F. 2003: "The Book of the Heavenly Cow", in Simpson, W. K. (ed.), *The Literature of Ancient Egypt* (3rd ed.), New Heaven and London, p. 290.

2 Kemp, B. J. 2006: *Ancient Egypt: Anatomy of a Civilization* (2nd ed.), London and New York, p.124.

3 Kemp 2006: ibid. 116ff.

4 van Haarlem, W. 2019: *Temple Deposits in Early Dynastic Egypt: The Case of Tell Ibrahim Awad,* Oxford, pp. 12-14.

5 Quirke, S. 2013: *Going Out in Daylight - prt m hrw the Ancient Egyptian Book of the Dead,* London, pp. 357-364.

6 Kemp 2006: ibid. p. 113.

7 Assmann, J. 2001: *The Search for God in Ancient Egypt,* Ithaca and London, pp. 30-31.

8 Assmann 2001: ibid. 27ff.

9 Roth, A. M. 1991: *Egyptian Phyles in the Old Kingdom,* Chicago, pp. 77-78.

10 Haring, B. J. J. 1997: *Divine Households: Administrative and Economic Aspects of the New Kingdom Royal Memorial Temples in Western Thebes,* Leiden, p. 12.

11 Forshaw, R. 2013: The Role of the Lector (hry-hbt) in Ancient Egyptian Society, Ph. D. Thesis, University of Manchester.

12 Frood, E. 2007: *Biographical Texts from Ramesside Egypt,* Atlanta, p. 43.

13 Kinney, L. 2008: *Dance, Dancers and the Performance Cohort in the Old Kingdom,* Oxford, pp. 20-23.

14 Haring 1998: ibid. 237ff.

15 Haring 1998: ibid. p. 6.

16 Kemp 2006: ibid. p. 261.

17 Grandet, P. 2005: *Le papyrus Harris I,* Vol. 1, Cairo, pp. 235, 236.

18 Assmann 2001: ibid. p. 49.

19 儀式で唱えられた祈禱文の詳細は，David, R. 2016: *Temple Rituals at Abydos,* London. を参照のこと。

20 David 2016: ibid. pp. 142-144.

21 食事の儀式については，Nelson, H. H. 1949: "Certain Reliefs at Karnak and Medinet Habu and the Ritual of Amenophis I", *Journal of Near Eastern Studies* 8, pp. 201-232, 310-345. および Cooney, K. M. and McClain, J. B. 2006: "The Daily Offering Meal in the Ritual of Amenhotep I: An Instance of the Local Adaptation of Cult Liturgy", *Journal of Ancient Near Eastern Religions* 5, pp. 41-78. が詳しい。

22 Wilkinson, R. H. 2000: *The Complete Temples of Ancient Egypt,* London and New York, p. 62.

23 Griffin, K. 2007: "A Reinterpretation of the Use and Function of the Rekhyt Rebus in New Kingdom Temples" in Cannata, M. (ed.), *Current Research in Egyptology 2006,* Oxford, p. 81.

24 van Pelt, W. P. and Staring N. 2019: "Interpreting Graffiti in the Saqqara New Kingdom Necropolis as Expressions of Popular Customs and Beliefs", *Rivista del Museo Egizio* 3, pp. 120-168.

25 Frood, E. 2013: "Egyptian Temple Graffiti and the Gods: Appropriation and Ritualization in

注

第 1 章

1 田澤恵子 2018:「古代エジプトにおける神・人・神話」,『エジプト学研究セミナー 2017』, 関西大学国際文化財・文化研究センター, p. 8.

2 Patch, D. C. 2011: "From Land to Landscape" in Patch, D. C. (ed.), *Dawn of Egyptian Art*, New York, 2011, pp. 70-77.

3 Hornung, E. 1982: *Conceptions of God in Ancient Egypt*, Ithaca and London, p. 104.

4 Kemp, B. J. 2006: *Ancient Egypt: Anatomy of a Civilization* (2nd ed.), London and New York, pp. 129-131.

5 Hornung, E. 1999: *The Ancient Egyptian Books of the Afterlife*, Ithaca and London, pp. 136-144.

6 Hornung 1982: ibid. pp. 128-135.

7 Quirke, S. 2015: *Exploring Religion in Ancient Egypt*, Chichester, pp. 29, 31.

8 Hornung 1982: ibid. pp. 124-125.

9 "The Shabako Stone"（大英博物館 EA498), 翻訳 Allen, J. P. 1988: *Genesis in Egypt: The Philosophy of Ancient Egyptian Creation Accounts*, New Haven, p. 44.

10 Linseele, V., van Neer, W. and Friedman, R. F. 2009: "Special Animals from a Special Place? The Fauna from HK29A at Predynastic Hierakonpolis" *Journal of the American Research Center in Egypt* 45, pp. 120-126, 133.

11 Friedman R. F. 2009: "Hierakonpolis Locality HK29A: The Predynastic Ceremonial Center Revisited", *Journal of the American Research Center in Egypt* 45, pp. 79-103.

12 Assmann J. 2001: *The Search for God in Ancient Egypt*, Ithaca and London, p. 19.

13 Vittmann G. 2013: "Personal Names: Structures and Patterns" in Wendrich, W. (ed.), *UCLA Encyclopedia of Egyptology*, (https://escholarship.org/uc/item/42v9x6xp)

14 Collier, M. and Quirke, S. 2006: *The UCL Kahun Papyri: Accounts*, Oxford, p. 71.

15 Quirke, S. 2013: *Going Out in Daylight - prt m hrw the Ancient Egyptian Book of the Dead*, London, p. 359.

16 Wildung, D. 1977: *Egyptian Saints: Deification in Pharaonic Egypt*, New York.

17 Josephson, J. A. 2001: "Imhotep" in Redford, D. B. (ed.), *The Oxford Encyclopedia of Ancient Egypt* Vol. II, Oxford, p. 151.

18 Assmann, J. 2003: *The Mind of Egypt*, Cambridge Mass, p. 237.

19 Raue, D. 2014: "Sanctuary of Heqaib" in Wendrich, W. (ed.), *UCLA Encyclopedia of Egyptology*, pp. 2-3. (https://escholarship.org/uc/item/2dp6m9bt)

20 Łajtar, A. 2008: "The Cult of Amenhotep Son of Habu and Imhotep in Der el-Bahari" in Delattre, A. and Heilporn, P. (eds.), *Et maintenant ce ne sont plus que des villages: Thèbes et sa région aux époques hellénistique, romaine et byzantine*, Bruxelles, pp. 113-123.

21 Lichtheim, M. 1980: *Ancient Egyptian Literature, Vol. III: The Late Period*, Berkley and Los Angels, 127ff.

ヤ・ラ・ワ行

ハ行

マ行

サ行

タ行

ナ行

索引

ア行

カ行

写真提供（所蔵・出典）

図 1-1　Female Figure, ca. 3500-3400 B.C.E., Brooklyn Museum, Charles Edwin Wilbour Fund, 07.447.505. CC BY
図 1-2, 1-10　The Trustees of The British Museum
図 1-4, 1-7　Ashumolean Museum, University of Oxford
図 1-8, 4-2, 6-7, 6-22　State Museums of Berlin, Egyptian Museum and Papyrus Collection. CC BY-SA 4.0
図 2-9, 5-8, 6-1　花坂哲
図 2-11　MIHO Museum
図 2-19, 6-12　Museo Egizio. CC0 1.0
図 2-23　Legrain, M. G. 1914: "Pylône d'Harmhabi à Karnak (Xe Pylône)" *Annales du Service des Antiquités de l'Égypte* 14, pp. 13-44
図 4-12　Smith, S. T. 2003: *Wretched Kush: Ethnic Identities and Boundaries in Egypt's Nubian Empire*, London, Fig. 5.26
図 4-14, 5-1, 5-15, 6-5, 6-11, 6-17, 6-19　The Metropolitan Museum of Art. Public Domain
図 5-6　Anepigraphic clay stela decorated with five canids; Asyut; Magazine of the Ministry of Tourism and Antiquities at Shutb, SCA 111; photo: Fritz Barthel; copyright: Jochem Kahl, The Asyut Project
図 5-13, 6-8　Musée du Louvre, Dist. GrandPalaisRmn / Christian Décamps / distributed by AMF
図 6-14, 6-20, 6-21, 6-24　アコリス遺跡調査団

図版出典

図 1-6　Hierakonpolis: City of the Hawk (http://www.hierakonpolis-online.org/index.php/explore-the-predynastic-settlement/hk29-the-ceremonial-center)
図 2-1, 2-3　Arnold, F. 2020: "A Temple Built Anew. Reasons for Replacing the Temple of Satte on Elephantine (Egypt)", in *Umgebaut: Umbau-, Umnutzungs- und Umwertungsprozesse in der antiken Architektur*, Regensburg, Fig. 1.
図 2-2　Kemp, B. J. 2006: *Ancient Egypt: Anatomy of a Civilization* (2nd ed.), London and New York, Fig. 46.
図 2-4　The Epigraphic Survey 1957: *Medinet Habu Vol. V: The Temple Proper Part 1*, Chicago.
図 2-7　Foucart, G. 1935: *Le Tombeau d'Amonmos in Tombes Thébaines: Nécropole de Dirâ Abûn-Nága*, Cairo, Pl. XXXI.
図 3-2　Černy, J. 1927: "Le culte d'Amenophis I chez les ouvriers de la Nécropole thébaine", *Bulletin de l'Institut Français d'Archéologie Orientale* 27, fig. 13
図 4-10　Moeller, N. 2016: *The Archaeology of Urbanism in Ancient Egypt: From the Predynastic Period to the End of the Middle Kingdom*, Cambridge, Fig. 8.40.
図 5-4　Kemp, B. J. 2006: *Ancient Egypt: Anatomy of a Civilization* (2nd ed.), London and New York, Fig. 102
図 5-12　Castel, G. and Regen, I. 2020: "Figurines féminines de Gebel el-Zeit (Égypte)", in Donnat, S., Hunziker-Rodewald, R. and Weygand, I. (eds.), *Figurines féminines nues: De l'Égypte à l'Asie centrale*, Paris, Fig. 3.
図 5-14　Kemp, B. J. 1995: "How Religious were the Ancient Egyptians?", *Cambridge Archaeological Journal* 5:1, Fig. 1.
図 5-17　Davies, S. 2007: "Bronzes from the Sacred Animal Necropolis at North Saqqara", in Hill, M. (ed.), *Gifts for the Gods: Images from Egyptian Temples*, New York, Fig. 75.
図 6-4　Quibell, J. E. 1898: *The Ramesseum / The Tomb of Ptah-hetep*, London, Pl. 3.
図 6-10　Wegner, J. 2009: "A Decorated Birth-Brick from South Abydos: New Evidence on Childbirth and Birth Magic in the Middle Kingdom", in Silverman, D. P., Simpson, W. K. and Wegner, J. (eds.), *Archaism and Innovation: Studies in the Culture of Middle Kingdom Egypt*, New Heaven, Fig. 4.

上記以外は著者提供

著者紹介

和田浩一郎（わだ・こういちろう）

1968年青森県生まれ
英国スウォンジー大学古典古代史・エジプト学部大学院修士課程、國學院大學大学院文学研究科日本史学専攻博士課程後期修了　博士（歴史学）
国際文化財（株）、NPO法人文化遺産の世界所属、國學院大學文学部兼任講師、金沢大学古代文明・文化資源学研究所客員研究員、早稲田大学エジプト学研究所招聘研究員
アメンヘテプ3世王墓（ルクソール・王家の谷、1989～1990年）、アブシール南遺跡（1990～1993年）、ダハシュール北遺跡（1996～2013年）、アコリス遺跡（2015年～）などの発掘調査に従事。
おもな著作　『古代エジプトの埋葬習慣』（ポプラ新書、2014年）、『古代オリエント事典』（分担執筆、岩波書店、2004年）、『てのひら博物館　古代エジプト』（日本語版監修、東京美術、2015年）、『死者のひみつ　世界のミイラ』（日本語版監修、BL出版、2023年）ほか。

◎装幀　コバヤシタケシ
◎図版　松澤利絵

古代エジプト人の祈り——信仰のエジプト学

2025年　4月10日　第1版第1刷発行

著　者＝和田浩一郎
発　行＝新 泉 社
東京都文京区湯島1－2－5　聖堂前ビル
TEL 03（5296）9620／FAX 03（5296）9621
印刷・製本／萩原印刷

ISBN978－4－7877－2501－1　C1022